W0195857

Arno Frank Eser
Gebrauchsanweisung für Kuba

Arno Frank Eser

Gebrauchsanweisung für Kuba

Piper
München Zürich

Außerdem liegen vor:

Gebrauchsanweisung für Amerika von Paul Watzlawick
Gebrauchsanweisung für Andalusien von Nikolaus Nützel
Gebrauchsanweisung für China von Uli Franz
Gebrauchsanweisung für Deutschland von Maxim Gorski
Gebrauchsanweisung für England von Heinz Ohff
Gebrauchsanweisung für Griechenland von Martin Pristl
Gebrauchsanweisung für Irland von Ralf Sotscheck
Gebrauchsanweisung für Israel von Martin Wagner
Gebrauchsanweisung für Japan von Gerhard Dambmann
Gebrauchsanweisung für Mexiko von Susanna Schwager
und Michael Hegglin
Gebrauchsanweisung für New York von Natalie John
Gebrauchsanweisung für Schottland von Heinz Ohff
Gebrauchsanweisung für die Schweiz von Thomas Küng
Gebrauchsanweisung für Tibet von Uli Franz
Gebrauchsanweisung für Tschechien von Jiří Gruša
Gebrauchsanweisung für die Türkei von Barbara Yurtdaş

ISBN 3-492-04254-6
© Piper Verlag GmbH, München 2000
Gesetzt aus der Bembo-Antiqua
Gesamtherstellung: Clausen & Bosse, Leck
Printed in Germany

Para Dayana y Leyanis. Con cariño y amor.

Inhalt

Vorwort

*B*uenos dias. Haben Sie auch den Film *Buena Vista Social Club* gesehen? Natürlich haben Sie ihn gesehen. Denn Sie gehören ja zu uns, das sieht man sofort. Sie sind Kuba-Experten aus echtem Schrot und Korn. Experten, denen man eigentlich nichts mehr vormachen kann. Sie wissen genau, was auf Castros Insel passiert und was dort passieren sollte. Auch wenn Sie noch nicht vor Ort waren.

Natürlich sind die Amerikaner an allem schuld, an den wirtschaftlichen Schwierigkeiten, in denen Kuba steckt, an der Not der kleinen Leute. Das wissen Sie schon lange. Und wenn Sie es noch nicht wissen sollten, dann eignen Sie sich bitte diese Grundhaltung schnellstens an. Dem Amerikaner an sich kann man einfach nicht trauen.

Dem Kubaner natürlich schon. Er ist ja auch herzallerliebst, lacht trotz seiner wirtschaftlich desolaten Situation den ganzen Tag, raucht dicke Zigarren, trinkt Rum und spielt auf einer Holzgitarre oder anderen akustischen Instrumenten wunderbare Musik. So ein Mensch muß doch einfach edel, hilfreich und gut sein. Zumal der typische Kubaner ja mindestens achtzig Jahre alt ist, in wunderschönen Oldtimern durch nostalgisch und pittoresk verfallene Straßenzüge fährt und sich nach jedem hübschen Mädchen umdreht. So ein Schelm aber auch, dieser typische Kubaner.

Schön, daß Sie beide also wissen, was Sie auf der Zuckerinsel erwartet. Sie kommen ja auch nur zu mir, um sich auf den neuesten Stand bringen zu lassen, um zu erfahren, ob sich seit Ihrem letzten Informationsabend in Sachen Kuba oder dem letzten Insider-Artikel, den Sie gelesen haben, irgend etwas verändert hat. Es könnte ja sein, daß ich noch ein paar neue Tips parat habe. Das ist zwar unwahrscheinlich, aber die Möglichkeit besteht immerhin. Zumindest rein theoretisch.

Ja, Ihre Kinder dürfen auch mit, kein Problem. Ja, als Frau sind Sie sicher auf den Straßen, auch nachts. Und natürlich sollten Sie Kuba am besten besuchen, solange Fidel noch an der Macht ist. Um das Kuriosum Kuba in seiner ganzen Schönheit und Buntheit so original wie möglich erleben zu können.

Entschuldigen Sie, wenn ich mir jetzt eine Zigarre anzünden muß. Es ist übrigens eine Cohiba, die Zigarre der Revolutionäre. Sie steht mir gut, nicht wahr? Darf ich Ihnen auch eine anbieten? Und hier habe ich sogar eine Lady-Zigarre, eine besonders schlanke und elegante, der letzte Schrei auf Kuba und ein Exporthit.

Es ist manchmal schon anstrengend, ein Kuba-Experte sein zu müssen. Ich gebe es ja zu, Kuba ist eines meiner Lieblingsthemen. Glauben Sie mir bitte, daß ich nicht nur aus Selbstgefälligkeit und aus Lust beim Thema Kuba wie auf Knopfdruck zu reden beginne – es geht mir einzig und allein um die Sache. Warum lächeln Sie so geheimnisvoll, liebe Freundin? Warum grinsen Sie, lieber Freund?

Natürlich sind wir Kuba-Experten etwas Besonderes, das darf ich in aller Bescheidenheit am Rande anmerken. Wir sind die Wissenden, die Insider, zumindest mag es Ihnen so erscheinen. Aber wir sind stets bereit, von diesem profunden Wissen etwas abzugeben. Das ist Ihnen natürlich bewußt, sonst wären Sie heute nicht hier.

Eine kleine Vorwarnung sei mir gestattet. Wenn ich ab und an spanische Ausdrücke in meinen Vortrag einflechte – manchmal sind es ja kubanische, die ich aufgeschnappt habe –, so hat das nichts mit Koketterie zu tun, ganz bestimmt nicht. Sie rutschen mir einfach so heraus. Das wird Ihnen auch so gehen, wenn Sie des öfteren auf Kuba waren. Und manchmal fallen mir die deutschen Redewendungen dafür auch nicht auf Anhieb ein. Das müssen Sie mir jetzt unbedingt glauben.

Ja, welche Tips kann ich Ihnen letztlich schon geben? Kuba muß man sehen, entdecken, erriechen und vor allem erfühlen. Kuba ist ein Mysterium, das man nur mit der Seele begreifen kann. Aber das wissen Sie ja schon.

Darf ich Ihnen einen Rum einschenken? Ich habe diese Flasche – sie ist übrigens die vorletzte aus meinem privat importierten Vorrat – für besondere Gelegenheiten aufbewahrt. Und heute ist so eine. Ich freue mich, Sie bei mir zu sehen.

Schlagen wir doch einfach eines meiner zahlreichen Fotoalben auf. Das hier ist Pedro, seine Frau heißt Raiza, genau wie die Frau Gorbatschow, sie kann wunderbare schwarze Bohnen mit Reis kochen, einfach die besten der Welt. Und das ist Juan, mit dem ich des öfteren zum Tauchen gegangen bin, einfach ein Original, wir haben viel gelacht zusammen, er hat übrigens eine überaus hübsche Tochter, und auf diesem Bild hier ist Juans Mutter zu sehen, einfach eine Seele von Frau, arm, aber glücklich.

Ja, Kuba ist geradezu beängstigend »in«. Und bei der Erwähnung des Wortes Kuba hat jeder seinen eigenen kleinen Film im Kopf: Dieses Wort ist nicht nur von einem Mythos umgeben, sondern von vielen verschiedenen Mythen. Abseits aller Mythen aber gibt es ganz praktische Fragen. Wo kann man am besten wohnen? Welche Zahlungsmittel sollte man dabeihaben und wie hoch muß man die Ausgaben für einen zweiwöchigen Urlaub ansetzen? Wie sieht es mit Bussen, mit Rundreisen, mit Leihautos aus? Und wie mit Zigarren? Wie viele darf man mit nach Hause nehmen? Was sollte man sich unbedingt anschauen? Und wie präsent ist das kommunistische Regime auf der Karibikinsel? Ist es notwendig, daß ich ein bißchen Spanisch lerne, oder komme ich mit meinem Schul-Englisch weiter?

Liebe Freundin, noch eine Lady-Zigarre? Lieber

Freund, noch eine dicke Cohiba? Nehmen wir uns Zeit. Denn jetzt muß ich etwas ausholen und ins Detail gehen.

¡Hola amigo!

Für den künftigen Kenner und den Revolutionsromantiker ist die Anreise nach Kuba etwas desillusionierend. Findet sie doch im Normalfall in einem Ferienflieger statt, voll sonnenhungriger Pauschaltouristen, die nichts anderes im Sinn haben als Strand und Erholung, wo auch immer. Der Trost für den interessierten Reisenden liegt auf der Hand: Touristen sind immer die anderen.

Im Reisebüro gab es für teures Geld eine Einreisekarte, eine Art Visum-Ersatz. Tragen Sie, wenn Sie Pauschalreisender sind, in die Rubrik »Wohnsitz in Kuba« den Namen Ihres Hotels ein. Und wenn Sie auf eigene Faust losziehen wollen, geben Sie als Adresse den Namen des Hotels Ihres Nachbarn an. Versuchen Sie erst gar nicht, dem Einreisebeamten zu erklären, daß Sie vielleicht heute da sind und morgen dort, daß Sie sich erst einmal umschauen wollen oder ähnliches. So ein Gespräch, in welcher Sprache auch immer, würde nämlich einen beträchtlichen Teil Ihres Urlaubes in Anspruch nehmen. Und nachprüfen, wo Sie wirklich nächtigen, wird kein Mensch.

Vor kurzem war es noch Pflicht, einen Voucher, also

einen Gutschein, vorweisen zu können für mindestens drei Hotelnächte. Die deutschen Reisebüros halfen ihren Individualkunden in solchen Fällen meist mit kostenlosen und demnach wertlosen Pseudobestätigungen, die man dann bei der Einreise vorweisen konnte. Und die ihren Zweck erfüllten.

Derzeit aber ist diese Bestätigung nicht vonnöten. Doch auf Kuba dreht sich das Rad der Geschichte sehr schnell und noch schneller das der ständig wechselnden Vorschriften. Es ist daher unbedingt ratsam, sich kurz vor dem Flug über den aktuellen Stand der Einreisebedingungen kundig zu machen. So erspart man sich viel Ungemach.

Impfungen jedweder Art sind nicht vorgeschrieben. Außer dem so oft zitierten Kuba-Fieber werden Sie keine Krankheit bekommen. Und wenn doch, stehen Ihnen kostenlos die besten Ärzte der Welt zur Verfügung. In Ihrer Reiseapotheke sollte jedoch ein Durchfallmittel nicht fehlen.

Mit dem nachrevolutionären Gesundheitswesen auf Kuba, der vorbildlichen Ausbildung der Mediziner, hat alles angefangen. Die Insel, nach der Revolution jahrelang für Touristen gesperrt, wurde zur Anlaufstelle für Kranke erst aus Lateinamerika, dann aus aller Welt. Spezialkliniken für Leiden jeder Couleur schossen aus dem Boden. Wenn Fußballstar Diego Maradona sich einer Kokain-Entziehungskur mit anschließender Therapie unterziehen will, so begibt er sich in das Land mit den besten Kliniken, nach Kuba. Etwas anderes kommt für ihn, den Multimillionär, nicht in

Frage. Nachzulesen in allen Zeitungen. Aber auch schon lange vor dem Auftauchen dieses prominenten Patienten wurde der Gesundheitstourismus zum Vorläufer des heutigen Ferienbooms.

Und ein Boom ist es zweifellos. Da der Tourismus inzwischen so gut wie Kubas einzige Einnahmequelle für Devisen ist, lockt die Regierung mit preisgünstigen *All-inclusive*-Angeboten. Und muß ständig neue Hotelanlagen bauen, um der Nachfrage gerecht zu werden. Die Zuwachsraten sind enorm, steigen von Saison zu Saison.

Nun aber raus aus dem Flugzeug, und zwar schnell! Damit Sie nicht in einer jener endlos langen Schlangen vor den Abfertigungsschaltern stehen müssen, damit Sie die umständliche und zeitraubende Überprüfung Ihres Passes und Ihrer Einreisekarte möglichst schnell hinter sich bringen. Wer zaudert oder trödelt, wartet eine Ewigkeit. Darf sich aber immerhin mit Zeichentrickfilmen oder Tourismusreklame die Zeit vertreiben, die in den bereitstehenden Fernsehern laufen.

Der Beamte in seinem Verschlag ist ungemein wichtig. Er schaut gelassen und mürrisch drein, hat nicht das geringste Interesse daran, das Verfahren zu beschleunigen, und wenn die Schlange der Wartenden noch so lang ist. Er prüft, vergleicht Paßfoto mit lebendem Vorbild, läßt Sie den Kopf von rechts nach links drehen, macht sich Notizen, blickt angestrengt auf einen nicht eingeschalteten Computerbildschirm, vergleicht wieder Foto mit Original, stempelt, schnauft hörbar durch, fühlt sich durch Ihre Anwesenheit belästigt.

Nein, machen Sie jetzt auf keinen Fall den Versuch, die Atmosphäre mit witzigen Bemerkungen aufzulockern. Jedes Land hat seinen eigenen Humor. Humor ist nicht übersetz- und schon gar nicht übertragbar. Und kubanische Beamte haben nicht die geringste Ahnung davon, was Humor ist. Also üben Sie Ihr Volkshochschul-Spanisch woanders, und machen Sie auf keinen Fall pfiffige Anmerkungen über Politik und artverwandte Themen. Sonst könnte Ihr Kuba-Aufenthalt mit einer stundenlangen Befragung in einem abgedunkelten Büro beginnen. Um dem vorzubeugen, antworten Sie nur knapp und möglichst respektvoll, wenn Sie gefragt werden. Und wenn Sie nicht gefragt werden, dann seien Sie einfach mucksmäuschenstill, und entschuldigen Sie sich innerlich dafür, daß Sie geboren sind.

Nach dem Gang durch das Fegefeuer darf der Tourist aber nun aufrechten Hauptes in das Paradies eingehen. Pauschalurlauber werden von freundlichen und hilfreichen Geistern zum Transferbus geführt; freiwillige Kofferträger bieten sich gleich dutzendweise an, spitzen aber auch unverhohlen auf den Dollar Trinkgeld. Wohl dem, der genügend kleine Scheine in einem separaten Geldbeutel dabei hat. Denn mit einem netten »Gracias!« allein ist es im Ferienwunderland Kuba nie getan.

Die Ferienparadiese Kubas liegen in Varadero, in Guardalavaca, Cayo Coco und Cayo Largo, in und um

Havanna und bei etlichen anderen großen Städten, natürlich meist in Küstennähe. Hier gibt es alles, was das Herz begehrt, vom schönen Strand bis zum sauberen Swimmingpool, vom Tauch- bis zum Tanzkurs, von der Animation bis zur permanenten Beköstigung in diversen Restaurants, Bars und Open-Air-Lokalen, Live-Musik als Gratisbeilage rund um die Uhr. Sie beziehen Ihr schönes Appartement mit Bad, Terrasse und Meeresblick, wahrscheinlich sogar mit Radio und Fernseher (mit Satellitenempfang), und ölen sich vor Ihrem ersten Strandgang hoffentlich sorgfältig ein, Sonnenschutzfaktor unendlich. Da auf der Insel immer etwas Wind geht, fällt die Intensität der Sonnenstrahlen zunächst kaum auf. Doch wer zu spät einölt, den bestraft der Sonnenbrand – gnadenlos wie ein Revolutionstribunal.

Der Tourismus hat eine sehr junge Geschichte im Kuba von heute. Deswegen klappt trotz erheblicher Anstrengungen noch vieles nicht so, wie es sollte. Das Personal in den Hotels wurde oft nur in einem Schnell-Lehrgang ausgebildet und wirkt daher oft recht hilflos und ungeschickt, wenn es um Anliegen geht, die im Ausbildungskurs nicht behandelt wurden.

So kann es durchaus passieren, daß beim Frühstücksbüffet der Kaffee ausgeht und niemand auch nur die geringsten Anstalten macht, diesen Mißstand zu bemerken, geschweige denn zu beheben. Seien Sie ein Vorreiter, ein kleiner Revolutionär, gehen Sie mutig auf einen der zahl- und anscheinend beschäftigungslos herumstehenden Angestellten zu, weisen Sie ihn auf den Mangel hin. Er wird Ihnen sofort eine Tasse frischen Kaffee bringen, elegant an der nach wie vor leeren und auch leer bleibenden Kaffeemaschine vorbei balanciert.

Richtig abenteuerlich aber wird es, wenn es darum geht, einen Mißstand im Zimmer beheben zu lassen. Nehmen wir an, das Trinkwasser fließt nicht oder die Klimaanlage will nicht so recht funktionieren. Und so etwas kommt des öfteren vor. Wer nun beherzt zum Telefon greift, höflich um Abhilfe bittet, erhält die freundliche Auskunft, daß sich sofort jemand um das Problem kümmern wird. Wie schön. Dieselbe Auskunft gibt es tags darauf erneut und dann wieder und wieder, solange den Urlauber der Mut nicht verläßt, bei der Rezeption anzurufen.

Wer nun, des Wartens überdrüssig, schließlich persönlich vorstellig wird, muß die Erfahrung machen, daß erstens niemand etwas von dem Telefonat weiß, zweitens derjenige, der für solche Sachen zuständig ist, erst in zwei Stunden oder übermorgen wieder vor Ort sein wird, oder daß schlicht und einfach überhaupt niemand zuständig ist.

Dieses Phänomen – nennen wir es ruhig Telefonphobie – ist nicht nur im Bereich des Tourismus anzutreffen. Telefonieren kann man sich in Kuba eigentlich sparen. Selbst in Hotelanlagen, in denen die Leitungen relativ gut funktionieren. Denn der Kubaner mag das Telefon nicht. Was fernmündlich ausgemacht ist, gilt als so gut wie nicht besprochen. Wer etwas will, muß sich persönlich zu seinem Ansprechpartner hinbemühen, Auge in Auge mit ihm alles ausführlich und geduldig diskutieren. Ob sich dann eine Erfüllung des Wunsches abzeichnen mag, das hängt oft von Sympathie, Charme und Geschick ab, in der Welt des Tourismus oftmals auch von einem kleinen Trinkgeld, unauffällig (!) weitergereicht.

Fast jeder Tourismusangestellte beherrscht ein bißchen Englisch, viele sogar Deutsch. Daß dieses Deutsch oft mit dem eindeutigen und allseits beliebten sächsischen Akzent erfreut, darf uns nicht verwundern. Schließlich haben sich einst zahlreiche Kubaner zeitweise als Gastarbeiter im einstigen Bruderstaat DDR verdingt.

Der Tourist, und nicht nur der in den Hotels, zahlt ausschließlich mit amerikanischen Dollars, der inzwischen staatlich anerkannten Zweitwährung. Oder mit Kreditkarten, sofern sie nicht auf eine amerikanische Bank ausgestellt sind. Schecks, ganz gleich welcher Art, läßt man besser zu Hause. Es gibt zwar immer wieder Möglichkeiten, auch diese zu Geld zu machen, aber die sind nicht eindeutig zu definieren. Sie hängen oft von den lokalen Umständen, ständig wechselnden Bestimmungen und Launen vor Ort ab. Außerhalb der großen Anlagen kommen Sie ohnehin nur mit Bargeld weiter. Ihr Hotel, vielleicht sogar Ihr Zimmer, hat garantiert einen Depot-Tresor.

Es ist nie gut, wenn man durch Unachtsamkeit oder Leichtsinn sichtbar macht, wieviel Bargeld man bei sich trägt, ob in München oder in Havanna. In Havanna und in ganz Kuba kommt noch eine besondere

Komponente dazu. Der einheimische Peso ist nicht konvertibel, ist ein Opfer des US-Embargos. Er dümpelt vor sich hin bei einem Tauschwert von 1 : 20, ist nur noch zum Erwerb von Grundnahrungsmitteln brauchbar. Das wirtschaftliche Sehnen und Streben eines jeden Kubaners gilt also den *dolares*, oder dem *fula*, wie der Greenback lässig genannt wird, denn nur mit ihm kann man sich etwas leisten. Das staatliche Monatsgehalt, das für fast alle Berufsgruppen das gleiche ist, beträgt um die 200 Pesos, also zehn Dollar.

Darum reißen sich alle um einen Job im Tourismus. Allein die zu erwartenden Trinkgelder sind hoch genug, um den erlernten Beruf zu vernachlässigen oder ganz an den Nagel zu hängen. Es kann also durchaus vorkommen, daß ein Arzt, Lehrer oder Professor Ihren Koffer trägt, Ihr Badezimmer auf Hochglanz oder Ihren Tisch im Restaurant auf Vordermann bringt. Was nicht heißen muß, daß Sie mit jedem Kellner sofort ein hochkarätiges Gespräch über die Weltlage im allgemeinen und die Situation Kubas im besonderen vom Zaun brechen müssen.

»Tourismus ist Gold«, verkündete einst Fidel Castro seinem skeptischen Kabinett. Und diese Skepsis war wirklich angebracht. Zu sehr steckte den Patrioten noch die Erinnerung an die Ausbeutung der vorrevolutionären Zeit in den Knochen, nie mehr sollten reiche Touristen in Spielbanken und Bordellen ihr Unwesen treiben können, die neu gewonnene kubanische Würde ankratzen dürfen. Daß die Parteifunktionäre offenbar dennoch, wie übrigens in fast jedem

Fall, ihrem *máximo líder* schließlich recht gegeben haben, sehen wir heute.

Natürlich sahen Castro und die Seinen, welch sozialen Sprengstoff das Abenteuer Tourismus mit sich bringt. Denn um im weltweiten Vergleich bestehen zu können, müssen die Ferienanlagen über allen nur erdenklichen Komfort verfügen. Komfort, den es für den normalen Kubaner nicht gibt.

Das fängt an bei fließendem Wasser und reicht über ständig verfügbaren Strom bis hin zu einem vielseitigen Nahrungs- und Genußmittelangebot, von verlockenden Errungenschaften der Neuzeit wie Diskotheken und Wassersportmöglichkeiten ganz zu schweigen. Darum sollten Gettos geschaffen werden für die Dollarlieferanten, Ferienparadiese nur für Ausländer. Damit einerseits diese nicht sehen, wie arm die Bewohner des Revolutionsparadieses Kuba sind, und diese andererseits nicht erfahren, was für Annehmlichkeiten die Touristen genießen.

So wurden die schönsten Strände der Zuckerinsel entkubanisiert, für Einheimische gesperrt. Eine Art Kontrollbeamter überprüft den Ausweis jedes nur annähernd kubanisch aussehenden Anlagenbesuchers. Wer als Kubaner in ein Urlaubswunderland will, muß eine bestimmte Legitimation besitzen. Am besten in Form einer Bestätigung, daß er dort angestellt ist.

Doch inzwischen wissen die Kubaner natürlich ganz genau, daß es in den für sie gesperrten Gebieten all das gibt, was sie auch gern hätten und teilweise auch dringend brauchten. »Was willst du mal werden, wenn du groß bist?« wird in einem kubanischen Witz gefragt. Die Antwort: »Ein Tourist.«

Dieser Tourist aber ist inzwischen oftmals nicht mehr mit vierzehn Tagen am Strand abzuspeisen, und sei das Drumherum-Angebot auch noch so groß. Eine neue Art Tourismus hat sich längst breitgemacht, man will Land und Leute kennenlernen. In Kuba besonders. Weht doch über allem die Flagge der Geschichte und Geschichten, Vorurteile, Erwartungen und Mythen. Und das alles gilt es zu entdecken.

Wer auf Nummer Sicher gehen will, bucht in seinem Hotel einen Gruppenausflug. Kuba-Besichtigung von einem klimatisierten Bus aus. Sie dürfen dann auch hin und wieder aussteigen, ein bißchen Havanna-Luft schnuppern, vielleicht sogar einen *mojito* schlürfen, das Nationalgetränk aus Rum, Zucker, Limonensaft, Rum, gestoßener Minze, Eis, Rum, Mineralwasser und ... Rum. Ein Gruppenleiter und Dolmetscher wird dafür sorgen, daß Ihnen nichts Böses geschieht. Wie ein Schäferhund hält er seine Herde zusammen und geleitet sie sicher durch die Widrigkeiten des kubanischen Alltags. Und wieder zurück an ihren Swimmingpool und an ihr Büffet, wo sie seiner Meinung nach hingehört. Mit dieser Meinung steht er nicht allein.

Worum es diesen Schäferhunden in erster Linie geht, werden Sie sofort feststellen, wenn Sie sich ein paar Meter von der Gruppe entfernen. Oder wenn Sie sogar den wagemutigen Versuch unternehmen, einen Ausflug auf eigene Faust zu machen. Es sind die netten und breit grinsenden Einheimischen, die mit einem wohlgelaunten *»Hola amigo«* (das H bleibt dabei stimmlos), also mit dem Gruß »Hallo Freund« auf Sie zukommen.

Das Wort »Freund« muß hier aber genauer übersetzt werden. Es klingt nämlich eher wie »Freundchen, du kommst mir gerade recht« oder wie »So, mein Freund, jetzt hab ich dich erwischt«. Ungefähr in dieser Art.

Hola amigo, willst du ein Taxi, Zigarren, Rum, ein Mädchen? Willst du irgend etwas auf diesem Planeten, was ich dir besorgen kann und wofür ich mir ein paar *dolares* verdienen kann? Auf das läuft es hinaus, auf nichts anderes.

Wohl dem, der seinen neuen Freund nicht prüft. Der knapp und höflich nein sagen kann. Die angebotenen Zigarren sind nämlich meist minderwertig, der Rum ist gepanscht, und auf die Mädchen werde ich noch zu sprechen kommen. Sie können sich vorstellen, wie wertvoll bei einem Monatsgehalt von 200 Pesos ein einziger Dollar ist und wieviel man unter Umständen dafür tut.

An den Touristenbrennpunkten patrouillieren daher stets aufmerksame Polizisten, die darauf achten, daß der Reisende unbehelligt bleibt. Zeitweise wird sogar eine alte Verordnung aktiviert, nach der Touristen generell nicht angesprochen werden dürfen. Die Einheimischen senken dann bei Ihrem Erscheinen sittsam den Blick, schauen durch Sie hindurch oder an Ihnen vorbei, als ob Sie Luft wären. Nur, um sich nicht dem Verdacht der Kontaktaufnahme auszusetzen und damit eine Strafe zu riskieren.

Alles zum Wohl der Urlauber; jeder Beschwerde nachgehen und noch perfekter werden im internationalen Holiday-Wettbewerb, das ist die Devise, *turismo o muerte*, Tourismus oder Tod. Wir erinnern uns: Der Tourismus ist Kubas einzige Devisenquelle. Eine Quelle, die gehegt und gepflegt sein will. Zumal nach der Auflösung der Sowjetunion auch nicht mehr mit Solidaritätszahlungen aus dem befreundeten kommunistischen Ausland gerechnet werden kann.

Der praktische Nutzen für den Reisenden, der mit dieser staatlich verordneten Touristenpflege einhergeht, ist aber keinesfalls zu verachten, trotz aller Übertreibungen und Karikaturen. Die Kriminalität ist aufgrund der strengen Bestimmungen und angedrohten drakonischen Strafen praktisch zu vernachlässigen; nirgends auf der Welt ist man so sicher wie auf Kuba. Freilich ist es ratsam, auf seine Kamera und seinen Geldbeutel aufzupassen, wie überall, aber Übergriffe sind nicht zu befürchten.

Man sollte sich auch gut überlegen, wegen einer Kleinigkeit die Polizei einzuschalten. Denn der Aufwand der polizeilichen Ermittlungen ist enorm. Sie sitzen mehrere Stunden auf einer Polizeistation fest, bis endlich jemand erscheint, der für Touristen zuständig ist. Und dann beginnt eine endlos lange Befragung, die auf einem mehrseitigen Formular mit zahllosen Durchschlägen genauestens dokumentiert wird. Diese Befragung beginnt bei Ihren Eltern; und sie endet mit der Versicherung, daß nun alles seinen sozialistischen Gang gehe und der Fall so gut wie gelöst sei. Erst später wird man begreifen, wie das gemeint war. Der Fall ist nämlich tatsächlich gelöst. Und zwar in der Form, daß er ordentlich abgeheftet und archiviert wurde.

Nun gut, ich sehe schon, ich langweile Sie mit meinen Ausführungen über Kubas touristische Wunderwelt und ihre Begleiterscheinungen. Sie sind nämlich jemand, der das wahre Kuba kennenlernen will, der keine Angst vor Neppern, Schleppern und Bauernfängern hat, der in anderen Ländern schon des öfteren seine Geschicklichkeit und seine Welterfahrenheit unter Beweis stellen konnte. Sie brauchen keinen Swimmingpool, keine geführten Stadttouren und schon gar keinen Dolmetscher und Reiseleiter. Sie wollen eintauchen in das Leben eines wunderbaren Landes und seine Geheimnisse, Sie wollen los auf eigene Faust.

In den großen Städten bieten sich dafür Taxis an. Sie sind zwar nicht gerade billig, aber dafür laufen Sie nicht Gefahr, übers Ohr gehauen zu werden.

Wesentlich preisgünstiger ist die Fortbewegung mit Taxis ohne Lizenz. Fast jeder Autobesitzer ist bereit, sein Vehikel zum Taxi umzufunktionieren. Doch da dies streng verboten ist, mitunter sogar mit der Konfiszierung des Autos geahndet wird, ist einige Überredungskunst vonnöten. Das überzeugendste Argument für einen illegalen Touristentransport ist und bleibt der amerikanische Dollar. Und die Zusicherung, sich im Wagen zu ducken, wenn irgendwo am Straßenrand ein Polizist stehen sollte.

Es gibt auch Mietwagen auf Kuba. Die Autovermietungsbüros sind meist in oder bei großen Hotels. Ihr deutscher Führerschein und eine Kreditkarte oder Bares genügen, um das Geschäft perfekt zu machen. Doch für jedes Geschäft, das Sie in Kuba tätigen wollen, müssen Sie viel Zeit mitbringen. Nichts geht flott oder reibungslos, überall lauern Stolpersteine. Führen Sie sich vor Augen, daß praktisch jeder in Kuba ein Angestellter des Staates ist, auf die eine oder andere Weise. Und daß es ihm in dieser Funktion völlig egal ist, wieviel Profit sein Unternehmen abwirft oder abwerfen könnte. Sie stören den Autovermieter also durch Ihr Ansinnen, genau so, wie Sie zu Beginn Ihres Urlaubs den Einreisebeamten gestört haben. Ihr potentieller Autovermieter hat Wichtigeres zu tun, als ausgerechnet Ihnen einen Wagen zu geben. Er muß vielleicht zwei Pfund Reis für seine Frau besorgen. Oder versuchen, einen Freund zu treffen, der wissen könnte, wo es gerade Schrauben gibt. Also entschuldigen Sie sich für Ihre Gegenwart, für Ihre Präsenz schlechthin. Nehmen Sie Platz, und fassen Sie sich in Geduld.

Wer zum Beispiel Ansichtskarten erwerben will, und dabei so naiv ist, sich verschiedene Motive auszusuchen, der kann schon hier eine kleine Lektion in Sachen Einkaufen in Kuba verpaßt bekommen. Denn jede einzelne Karte, jedes Motiv hat eine Nummer, die sorgfältig notiert werden muß. Für eventuelle Nachbestellungen und natürlich für die Statistik.

Noch penibler werden 50- und 100-Dollar-Noten

registriert, zusammen mit der Paßnummer. Kein Paß, kein Einkauf. Sie könnten ja versuchen, Falschgeld unters Volk zu bringen. Von der Gefahr, daß die Statistik leidet, ganz zu schweigen. Also Geduld, immer schön Schritt für Schritt.

Was die Anmietung eines Leihwagens betrifft, sollte man wissen, daß die kubanischen Leihautos die teuersten der Welt sind. Tagestarife von 70 Dollar und mehr sind keine Seltenheit, dazu kommen noch Versicherung und Kaution. Die Nachfrage bestimmt den Preis; und das Reservoir an Leihwagen ist alles andere als unerschöpflich. Es empfiehlt sich also dringend, schon ein paar Tage vor der geplanten Reise aktiv zu werden.

Wie praktisch für die Kubaner, daß sie gleich am Nummernschild erkennen können, daß hier ein Devisenbesitzer unterwegs ist. »Turismo« steht darauf, weithin lesbar; und das bleibt nicht ohne Folgen.

Hola amigo, du willst hier parken? Ich passe auf deinen Wagen auf, damit niemand etwas kaputtmacht oder gar stiehlt, ist das in Ordnung? Nur der Kuba-Anfänger schlägt dieses nette Angebot aus; und nur der naivste aller Kuba-Anfänger zahlt den für den Parkwächterdienst verlangten Dollar im voraus.

Der allerdümmste aller Kuba-Anfänger ist aber der, der meint, besonders clever zu sein. Entnervt von den vielen Parkgebühren – er macht vielleicht gerade eine kleine Rundreise –, geht er zwar zum Schein auf das Angebot des potentiellen Parkwächters ein, will dann aber einsteigen und losfahren, ohne zu zahlen. Im besten Fall erntet er dafür eine üble Schimpfkanonade. Im schlechtesten fliegen ihm Steine nach, die das Auto empfindlich treffen. Was bedeuten kann, daß er den Rest seiner Urlaubszeit abwechselnd auf einer Polizeistation und in einem Versicherungsbüro verbringt.

Man sieht diese Parkwächter nicht immer gleich, wenn man das Auto abstellt. Womöglich haben Sie einen bestimmten Platz so geschickt angesteuert, daß Sie eine Zeitlang unbemerkt blieben. Aber wenn Sie zum Wagen zurückkehren, hält bestimmt jemand die Hand auf. Wie lange der- oder diejenige tatsächlich ein Auge auf das Vehikel geworfen hat, ist unerheblich. Zahlen Sie. Und seien Sie froh, daß er nichts anderes darauf wirft.

Das wichtigste Utensil an Ihrem Auto, das werden Sie zweifellos sehr schnell feststellen, ist die Hupe. Besonders dann, wenn Sie sich in städtischen Bereichen bewegen, in denen es Fußgänger, Radfahrer, Hunde, spielende Kinder und vor allem andere Autos gibt. Jedes Abbiegen, jeder Spurwechsel und Überholvorgang muß vorher per Hupe angezeigt werden. Die Kubaner unterhalten sich sogar mittels Hupe, teilen sich damit gegenseitig ihre tiefempfundene Geringschätzung mit. Dazu sind gewisse geschickt nuancierte Hupzeichen nötig, die Sie als Ausländer nie und nimmer begreifen können. Was Sie nicht daran hindern darf, ebenfalls kräftig und entschlossen zu hupen, wann immer Sie etwas vorhaben, was vom momentanen Fahrgeschehen abweicht.

Wer über Land fährt, ist oft mutterseelenallein auf

der Straße. Die Benzinknappheit sorgt dafür, daß jede Reise genau geplant werden muß. Aber auch wenn weit und breit niemand zu sehen ist, der gewarnt oder informiert werden müßte – hupen Sie trotzdem. Einfach so.

Da es in Kuba kaum funktionierende Bus- oder Bahnlinien gibt, fahren fast alle per Anhalter, wenn sie eine Strecke über Land zurücklegen wollen. An manchen Ausfahrtstraßen stehen ganze Trauben von Anhaltern. Viele warten schon sehr lange auf ihre Chance, kommen dann schließlich eng zusammengequetscht auf der Ladefläche eines Lasters weiter. Also seien Sie großzügig, und laden Sie jemanden zur Weiterfahrt in Ihr Auto ein.

Sofern Sie ein bißchen Spanisch können, werden Sie unterwegs unterhaltsame Geschichten hören. Von Carlos, der in die Augenklinik muß, weil er sich an einem Kaktus verletzt hat, von Maria, die zu einer Familienfeier nach soundso will, obwohl sie sich eigentlich mit ihrem Onkel gar nicht versteht, und von Misael, der auf dem nächsten Markt einkaufen möchte, weil der örtliche viel zu teuer ist.

In einem relativ neuen Auto mit Klimaanlage und vielleicht sogar mit dröhnendem Radio mitfahren zu dürfen ist für viele Kubaner ein besonderes Erlebnis. Sie sind scheu, trauen sich vielleicht erst gar nicht, in dieses Auto einzusteigen. Ist dann aber nach einer längeren Fahrt eine Art Vertrautheit entstanden, kann es durchaus sein, daß Sie am Zielort gebeten werden, eine kleine Rundreise zu machen. Von Straße zu

Straße, Block zu Block, Haus zu Haus. Schließlich müssen ja alle Bekannten, Freunde und Verwandten mit eigenen Augen sehen, in welch komfortablem Auto man gereist ist. Und sie sollen vor Neid erblassen.

Wer Zeit hat, dieses Spiel mitzuspielen, sollte das unbedingt tun. Denn auf diesem Weg ergeben sich vielleicht schon die ersten netten Kontakte. Kontakte zu Kubanern, die interessiert, höflich, freundlich und herzlich auf jeden Fremden zugehen. Und die Ihnen nicht schon mit dem stereotypen *Hola amigo* zeigen, daß Sie in ihren Augen nichts weiter als ein Geldbeutel auf zwei Beinen sind.

Sie können von Ihren neuen Bekannten auch erfahren, wo Sie die nächste Tankstelle, das nächste Lebensmittelgeschäft oder auch die nächste Übernachtungsmöglichkeit finden. In Kuba ist es mehr als leichtsinnig, ohne ausreichenden Proviant über Land zu fahren. So mal eben schnell am Straßenrand eine Cola oder ein Sandwich kaufen, das ist in vielen Gebieten nicht möglich. Man muß stets wissen, wo und bei wem. Und auch die Tankstellen sind nicht immer als solche erkennbar.

Längst ist Ihnen aufgefallen, daß die Straßen in einem ziemlich schlechten Zustand sind. Selbst auf vermeintlich passablen Pisten muß man stets auf ein Schlagloch von gigantischer Größe gefaßt sein. Vorsicht und ein moderates Tempo sind also unbedingt angebracht. Auch wegen der spielenden Kinder, der Hunde, der Esels- oder Ochsenkarren, der zahlreichen

Radfahrer und Anhalter, die sich ebenfalls auf der Fahrbahn herumtreiben. Ach ja, funktioniert Ihre Hupe noch?

Wenn es dunkel wird, und das wird es in der Karibik so gegen halb sieben Uhr abends, wird es für den Individualtouristen höchste Zeit, sich nach einem Quartier und einem Abendessen umzuschauen. In den seltensten Fällen gibt es so etwas Ähnliches wie eine Straßenbeleuchtung. Und nicht nur die Ochsenkarren und die Radfahrer – von den Schlaglöchern, den Kindern und den Hunden einmal abgesehen –, sondern auch viele Autos haben keine verkehrssichere Beleuchtung aufzuweisen. Für den nicht an kubanische Verhältnisse gewöhnten Autofahrer wird die Weiterfahrt nach Einbruch der Dunkelheit nicht nur sehr anstrengend, sondern zu einem unabsehbaren Risiko.

Für das Abendessen empfehlen sich *paladares*, die es in fast allen Ortschaften gibt. *Paladares*, das sind kleine und bescheidene Familienrestaurants. Der Betrieb findet nicht selten in einem umfunktionierten Wohnzimmer statt, und die Auswahl an Speisen ist begrenzt. Dafür können Sie sicher sein, daß Sie hier bestens und preiswert bekocht werden. Dennoch ist es stets ratsam, vor dem Hinsetzen Leistung und Preis genau auszuhandeln.

Es ist noch nicht lange her, da waren die *paladares* illegal. Im Fall einer Kontrolle wurde einfach behauptet, man hätte ein paar Freunde zum Essen eingeladen. Was natürlich unglaubwürdig war, denn in Kuba hat kaum jemand genug Geld oder Nahrungsmittel, um Freunde bewirten zu können. Inzwischen ist das *paladares*-Wesen legalisiert worden. Und sehr hoch besteuert. Zugleich wurde die Zahl der Sitzplätze auf zwölf beschränkt. Was den *paladares* den spöttischen Beinamen »Das letzte Abendmahl« einbrachte.

Die hohen Steuern haben dafür gesorgt, daß viele dieser Kleinstbetriebe bald wieder schließen mußten. Ihre Zahl ist geschrumpft, und der hungrige Reisende muß sich durchfragen. Das gleiche gilt für Privatquartiere. Reklameschilder existieren nicht.

Das Durchfragen gestaltet sich aber relativ einfach. Wenn Sie nicht ohnehin schon von einem Jugendlichen aufgrund Ihres Nummernschildes mit der aufschrift *turismus* ein entsprechendes Angebot bekommen haben, dann sprechen Sie einfach einen *muchacho* oder eine *muchacha* auf der Straße an. Er oder sie wird Sie freudig begleiten und sicher ans Ziel bringen. Nicht zuletzt deshalb, weil er dort vom Wirt eine kleine Provision bekommt.

Die Privatquartiere sind sehr einfach, aber durchaus empfehlenswert. Zumindest in den meisten Fällen. Denn Sie sparen nicht nur viel Geld, sondern erhalten auch einen Einblick in das kubanische Familienleben.

Selbstversorger finden auf den fast täglich abgehaltenen Bauernmärkten inzwischen ein relativ breites Angebot. Das Schönste: Hier müssen Sie nicht unbedingt mit Dollars bezahlen. Vor fast jedem Markt gibt es offizielle Umtauschstellen. Schwarz tauschen ist nichts für Frischlinge, und sei das Kursangebot noch so verlockend. Wer schwarz tauscht, macht sich erstens strafbar und wird zweitens garantiert übers Ohr gehauen. Wer kennt schon all die Scheine und Münzen? Überlassen Sie das, wenn es denn unbedingt sein muß, lieber einem kubanischen Freund, der in solchen Dingen Erfahrung hat.

Der Bauer wird über Pesos aus der Hand eines Touristen immer enttäuscht sein, wird sich jedoch nicht das Geringste anmerken lassen. Die staatlich verordnete Währung auf dem Markt ist nun einmal der Peso, sehr zur Freude und zum Wohl der Einheimischen. Und für einen sehr niedrigen Betrag haben Sie in Null Komma nichts das Auto mit frischen Lebensmitteln vollgeladen. Ach ja, das Auto: Auch die Parkgebühr vor dem Markt kann mit Pesos beglichen werden.

Ihre Beute vom Markt – leckere tropische Früchte und die verschiedensten, Ihnen sicher zum Teil völlig unbekannten Gemüsearten – wird gekocht, gebraten oder zumindest geschält. Auf keinen Fall mit sogenanntem Trinkwasser abgewaschen und dann verzehrt. Es sei denn, Sie haben das dringende Bedürfnis, Ihren Vorrat an Durchfalltabletten zu reduzieren. Denken Sie auch ein bißchen an ihr Image als Weltreisender. Die Kubaner lachen sich nämlich schlapp über jeden Touristen, der an der *cacalera* (auf gut deutsch: Scheißerei) leidet.

Wer privat wohnt, bittet vor dem ersten Marktbesuch die Hausfrau um Begleitschutz. Das ist eine Garantie dafür, daß Sie weder minderwertige Ware angedreht bekommen noch beim Bezahlen und Herausgeben von Wechselgeld übervorteilt werden. Der zweite Besuch auf demselben Markt ist dann schon um einiges leichter. Man weiß, Sie sind der Freund einer kubanischen Familie, zumindest der Gast, und man wird sich hüten, einen solchen durch nicht ganz korrektes Verhalten zu enttäuschen. Es könnte ja Konsequenzen haben.

In jeder Stadt, in jedem Ort und in jedem Viertel gibt es kleine Läden von frappierender Einfachheit. Meist wirken sie so, als wären sie gerade erst installiert worden. Oder als gäbe es sie schon seit Millionen von Jahren. In diesen kleinen Läden, nennen wir sie besser Verteilerstellen, gibt es zu gewissen Uhrzeiten ebenfalls eine Auswahl an Grundnahrungsmitteln, allerdings eine sehr begrenzte. Als Reisender haben Sie dort allerdings nichts zu suchen. Hier können nur Kubaner einkaufen, die im entsprechenden Viertel wohnen und die ihre *libreta* vorzeigen. Das ist eine Art Lebensmittelkarten-Büchlein, mit dem eine gerechte Verteilung der Mindestkontingente gewährleistet werden soll. Zwar läßt sich auch in diesen kleinen Läden mit Dollars einiges machen, doch sollte Ihnen Ihre Moral das verbieten.

Ein Phänomen, das nicht nur in Hotelanlagen, sondern auch in größeren Städten verblüfft, sind die Dollar-Supermärkte. Der Staat verkauft seinen eigenen Bürgern hochwertige Nahrungsmittel oder gewisse Güter von bescheidenem Luxus, aber nur gegen die harte Währung des Klassenfeindes. Da die per *libreta* zugeteilten Lebensmittelmengen weit unter dem Existenzminimum liegen, macht die Regierung mit diesen Supermärkten, die offiziell ausschließlich zur Versorgung der Touristen bestimmt sind, ein gutes Geschäft. Woher die Kubaner diese Dollars bekommen, ist anscheinend nicht von Interesse. Denn theoretisch können nur jene, die einen Job im Tourismus ergattern konnten, und das sind höchstens an die acht Prozent der Bevölkerung, Dollar-Trinkgeld-Besitzer werden. Doch schon seit langem gibt es eine Schattenwirtschaft, die auf diesem Weg wieder dem System eingegliedert werden soll. So hat es zumindest den Anschein.

In den Dollar-Supermärkten bekommt man drittklassige russische Marmelade, argentinische Bohnen in Büchsen, zweifelhafte Süßigkeiten aus Venezuela und Mexiko, eingeschweißten Schmelzkäse von sonstwoher, aus minderwertigstem Fleisch hergestellte Würstchen, Fleisch, Huhn, Erfrischungsgetränke, Bier, Kaffee, Toilettenpapier und vieles mehr. Das alles stark überteuert. Auf jeden Fall teurer als in Deutschland und den meisten europäischen Ländern.

Hier kann und muß sich auch der Individualreisende mit den entsprechenden Bedarfsgütern eindekken, der inzwischen vielleicht schon ein wenig neiderfüllt an all die Pauschaltouristen denkt, die sich in ihrer Ferienanlage rund um die Uhr und ohne nach dem Geldbeutel greifen zu müssen an Bar und Büffet laben können. Das Leben ist teuer auf Kuba. Und das bestimmt nicht nur für Touristen.

Viel Rauch um viel

*W*as für den Italien-Reisenden der Cappuccino, ist für den Kuba-Reisenden die Zigarre. Ohne die Zigarre geht in Kuba gar nichts. Sie ist zwar einerseits offensichtlicher Ausdruck eines gepflegten Luxushungers, andererseits aber auch ein Symbol für Ruhe, Gelassenheit und Ausgewogenheit. Denn eine Zigarre wird nicht einfach geraucht, sondern ganz bewußt genossen. Und Genuß, Ruhe und Gelassenheit, das ist es doch, was wir Zivilisationsopfer stets zu suchen verdammt sind. Keine andere kubanische Eigenart wird von den männlichen Touristen so schnell angenommen wie die des Zigarrerauchens, und sei es auch nur in Form einer peinlichen Nachäffung. Die wenigsten Reisenden wissen, wie man richtig Zigarre raucht; und selbst von jenen, die es einmal gelernt haben, kann sich nur ein verschwindend kleiner Teil den Zauber der kubanischen Zigarre erklären.

So bleibt es für den Urlauber beim oberflächlichen Kitzel des Luxus. Wo ist sie, die Spielbank aus den Fünfzigern, wo steht mein Cocktail mit teurem Rum, und wo ist die hübsche *chica*, die sich verstohlen an meinen edlen Anzug schmiegt? Wer sich ein bißchen

Mühe gibt, der kann im Zigarrenrauch die Bilder eines Films erkennen, den er gern selbst erlebt hätte oder erleben würde.

Sie wissen es schon lange aus Ihrem schlauen Reiseführer, und wenn nicht, dann haben Sie es anderswo gehört: Der kubanische Tabak ist der beste der Welt. Und das seit Generationen. Beste Böden, beste Setzlinge, beste Weiterverarbeitung, alles per Hand und ohne Chemie. Der Wahrheitsgehalt dieser Behauptungen ist nicht überprüfbar, doch ihre Überzeugungskraft ist groß, allein schon, weil sie ständig wiederholt werden.

Zumindest genügen sie als Beweis dem deutschen Kanzler Schröder, der angeblich einst von Fidel Castro höchstpersönlich seine erste Zigarre geschenkt bekam. Und sie genügen Filmstar Arnold Schwarzenegger, der in seiner Wahlheimat Amerika öffentlich kubanische Zigarren pafft, und das trotz US-Embargo. Und viele andere in der Welt der Reichen und Schönen tun es ihm gleich. Es geht sogar die Sage, daß Präsident Kennedy, bevor er 1961 das Handelsembargo über Kuba verhängte, noch schnell seine Zigarrenvorräte aufstokken ließ. Auf jeden Fall ist die Zigarre aus Kuba das Symbol für Wohlstand schlechthin.

Noch eleganter und fast schon ein bißchen klassenkämpferisch-subtil ist es, wenn man den Spieß umdreht und die dekadenten Reichen und Schönen karikiert. So, wie es einst Fidel Castro und Che Guevara in den wilden Phasen ihrer Revolution getan haben. Kein Dach über dem Kopf, lange Haare und Bärte, zerlumpte Kleidung – aber eine Luxuszigarre zwischen den Lippen. Auch nicht schlecht.

Die Zigarre für Revolutionäre und solche, die es gern gewesen wären, heißt übrigens Cohiba. Denn diese Marke wurde einst ausschließlich für die *barbudos*, die Bärtigen, hergestellt. Natürlich nicht, als sie noch als Guerrillas in den Wäldern und auf den Bergen umherstreiften, sondern nach der Machtübernahme im Jahr 1959. Warum man den Helden eine eigene Zigarrenmarke und Zigarrenfabrik reservierte, liegt auf der Hand: Es sollte verhindert werden, daß Kontrarevolutionäre die neuen Machthaber mit Gift in der Zigarre attackierten.

Che Guevara hat übrigens trotz chronischen Asthmas wie ein Schlot geraucht. Er wurde dadurch zum besten Werbeträger für die kubanische Tabakindustrie. Als er schon Mitglied der neuen Regierung war, versuchte sein Leibarzt wieder einmal, ihn davon abzubringen. Er nahm dem großen Revolutionshelden das Versprechen ab, sich fortan auf eine einzige Zigarre pro Tag zu beschränken. Natürlich muß ein Mann vom Format eines Che Guevara stets ein Vorbild sein und jedes Versprechen, das er, sei es auch unter sanftem Druck, gegeben hat, einhalten. So machte er sich persönlich in die Cohiba-Fabrik auf, um kurz darauf stolz mit einer Sonderanfertigung zu seinem Arzt zurückzukehren. Es war eine Zigarre von über einem Meter Länge.

Ob diese Geschichte der Wahrheit entspricht oder nicht, Tatsache ist, daß Castro Mitte der achtziger

Jahre den leitenden Genossen aus den Zigarrenfabriken und allen Rauchern innerhalb und außerhalb Kubas schweres Kopfzerbrechen bereitete. Denn er hörte mit dem Rauchen auf, sagte den Zigarren für immer Lebewohl. »Sie sind wohl gut für das Land«, ist in vielen Interviews nachzulesen, »aber nicht so gut für meine Gesundheit.«

Inzwischen gibt es selbst in Kuba erste Anzeichen einer Nichtraucherbewegung. Ausgerechnet in den Zigarrenfabriken hängen Schilder, die auf die Gefahren des Rauchens hinweisen. Dabei dürfen die Arbeiter in den Manufakturen rauchen, soviel sie können und wollen. Was sie auch fleißig tun. Auf gesundheitliche Risiken angesprochen, berufen sie sich auf eine fragwürdige staatliche Untersuchung, die den kubanischen Zigarren einen Nikotingehalt von quasi null Prozent bescheinigt. Diese Untersuchung stammt aus grauer Vorzeit, wurde zu einem wichtigen Teil großangelegter Werbekampagnen und hing in Auszügen ebenfalls in den Tabakfabriken aus. Dort, wo heute die Warnungen hängen.

Doch in Kuba ist es wie überall auf der Welt. Man glaubt, was man glauben will. Auf die Frage, warum jemand raucht, gibt es im allgemeinen nur die lapidare Antwort: »Darum!« Erklärungs- oder gar Rechtfertigungsbedarf besteht nicht.

Die besten Tabakpflanzen wachsen in der Gegend von Pinar del Rio, westlich von Havanna. Hier finden wir auch jede Menge kleinerer Fabriken, die man ohne weiteres besichtigen darf. Die Fabriken in den größeren Städten verlangen Eintritt und gestatten Besichtigungen nur zu streng festgelegten Uhrzeiten.

Die auffallend stickige Luft in diesen heruntergekommenen Hallen rührt daher, daß hier sehr viele Menschen auf engstem Raum zusammen arbeiten und schwitzen und daß die Tabakblätter immer wieder in bestimmten Lösungen gebadet werden müssen. An langen Bänken – sie heißen sinnigerweise *galeras* – sitzen Frauen und Männer, fleißig vertieft in ihre jeweilige Arbeit. Wie auf einer Galeere, nur daß es keinen Einpeitscher gibt. Oder gibt es ihn etwa doch?

Wer genau hinschaut, entdeckt in den Tabakfabriken ein Spiegelbild der kubanischen Gesellschaft. Ganz hinten werden subalterne Arbeiten verrichtet, Blätter gewaschen und getrocknet. Dann wird die Mittelrippe des Blattes herausgeholt, der Tabak nach Stärkegraden geordnet. Jede Pflanze hat mindestens fünf davon. Am Ende der Hierarchie, ganz vorn, sitzen die, die die Zigarren mit Banderolen bekleben, in Kisten verpacken und versiegeln. Und die damit dem Endprodukt am nächsten sind, das attraktiv und begehrenswert ist und dessen Menge oftmals an einem unerklärlichen Schwund leidet, obwohl die Arbeiter beim Verlassen der Fabrik immer wieder stichprobenartig nach Diebesgut untersucht werden.

In jeder *galera* sehen wir Arbeitsplätze, die mit kleinen Sternen aus Papier geschmückt sind. Kleine Sterne, das bedeutet Anerkennung für überplanmäßige Leistung, das bedeutet unter Umständen auch die Chance auf einen Aufstieg in der Hierarchie, ein

Vorrücken hin zum erstrebenswerten fertigen Produkt.

Und ganz vorne in der Tabakfabrik befindet sich der, der Einfluß darauf hat, was gedacht werden darf. Es ist der Vorleser, der die Arbeiter vormittags mit Parteinachrichten unterhält und nachmittags mit Romanen. Die Tradition des Vorlesers ist alt. Im neunzehnten Jahrhundert wurde in den Gefängniskantinen ebenfalls vorgelesen.

Von hinten nach vorn, von der Hilfsarbeitertätigkeit bis zum Verantwortungsträger, potentiellen Schmarotzer und Dieb von Gemeinschaftseigentum, und ganz vorn der Meinungsmacher. Parallelen dürfen gezogen werden, Vergleiche drängen sich auf. Und das nicht nur in Kuba.

Rund um jede Tabakfabrik lungern junge Leute, die gestohlene Zigarrenkisten zum Kauf anbieten. Diese jungen Leute sind mit einem Tabakarbeiter verwandt oder befreundet, der die Ware herausschmuggeln konnte oder seine beiden offiziellen Gratiszigarren, die er täglich mit nach Hause nehmen darf, gesammelt hat und nun als Kiste anbietet. Da es aber in der Hierarchie innerhalb der Fabrik die verschiedensten Stationen und Stufen gibt, gelangt ein Teil der Ware auch in halbfertigem Zustand nach draußen, wo er mit Banderolen und anderen optischen Tricks aufgewertet wird. Man muß schon ein Kenner sein oder einen kubanischen Freund dabeihaben, um beim Kauf an der Straße nicht übertölpelt zu werden. Auch und besonders deswegen, weil immer mehr dreiste Fälscherbanden mit ihrer minderwertigen Ware unterwegs sind.

Im Freundes- und Bekanntenkreis werden Zigarren ganz offen gehandelt. Und jeder weiß auch, woher sie kommen. Sie sind entweder gestohlen oder zusammengespart und in einer gestohlenen Originalkiste verpackt, damit das Ganze so edel und original wie möglich aussieht. Die Kisten sind offen, damit man als Interessent die Ware sehen, beriechen und betasten kann. Erst wenn der Handel perfekt ist, werden sie geschlossen und im Beisein des Käufers versiegelt. Denn das Siegel und die Banderolen wurden ebenfalls auf illegalem Weg aus der Fabrik geschleust.

Nur eine Kleinigkeit fehlt noch, aber die fällt fast niemandem auf. Versiegelt ein offizieller Arbeiter eine Kiste, kommt hinten noch ein winziger Stempel drauf. Dieser Stempel gleicht einer Lizenz zum Gelddrucken und ist für jeden noch so findigen Dieb unerreichbar. Denn an ihm hängt die Ehre seines Besitzers. Doch wie gesagt, kaum jemand wird sein Fehlen monieren. Auch hier stellt sich die Frage, ob die Moral es erlaubt, diese Ware zu kaufen. Ja, sagt der findige Fuchs, denn die Arbeiter in der Fabrik produzieren die Edelmarken dieser Welt für einen Hungerlohn, den der Reisende auf diese Art aufbessern kann. Daß man selbst bei dieser Hilfsaktion ein Schnäppchen macht, ist ein nicht unangenehmer Nebeneffekt. Nein, weiß der politisch korrekte Kuba-Sympathisant, denn hier geht es um Gemeinschaftseigentum; außerdem darf Diebstahl, wo auch immer, nicht gefördert werden.

Fast jede Fabrik hat ihren kleinen Laden. Wer sich auskennt, freut sich über die niedrigen Dollar-Preise. Cohiba, Montechristo, Romeo y Julieta und alle anderen Edelmarken kosten hier, ganz offiziell, nur ein Bruchteil von dem, was Sie daheim bezahlen müßten. Die Zoll- und Ausführungsbestimmungen aber ändern sich laufend, also ist es vor dem Einkauf ratsam, sich über deren aktuellen Stand zu informieren. In der Regel bleibt wohl eine Kiste pro Kopf frei, bei einer zweiten muß man schon mit dem Zollbeamten hadern, ab drei Kisten diese entweder gut im Gepäck verstecken oder Zoll zahlen.

Beim Zigarrenfestival »Havanna 2000« im Frühjahr des Jahres gingen Meldungen durch die Presse, die den Zigarrenfreunden auf der ganzen Welt Sorgen bereiten müssen. »Fast 500 Händler, Liebhaber und Journalisten«, so berichtete die *Welt am Sonntag*, registrierten besorgt den Ernst der Lage: »Die großen Fabriken Partagas, Romeo y Julieta und La Corona sind geschlossen. Einzig in El Languito werden noch Cohibas und Trinidad produziert. Eine kleine Katastrophe, verursacht durch Stürme, Regen und Pilzbefall. Die kubanischen Agronomen bestreiten die Krise und behaupten, die Ernte 2000 sei qualitativ und quantitativ gut.« Ferner berichtet der Journalist Hans Bewersdorff: »Eine Aussage, die stark bezweifelt werden darf. Ich kenne Händler, die haben bereits nach den ersten Eindrücken auf den Plantagen sofort in Europa angerufen und Order erteilt, alles zu kaufen, was auf dem Markt ist.«

Die Verharmlosung der Situation auf Kuba selbst ist typisch für dieses Land. Jedes noch so schlechte Arbeits- oder Ernteergebnis wird statistisch hingebogen, bis es paßt. Beim Kongreß Havanna 2000 war zudem Fidel Castro persönlich zu Gast, was den Bedarf an vorzeigbaren Erfolgen des Sozialismus erhöhte.

Dennoch muß man nun leider davon ausgehen, daß die begehrten Zigarren noch weiter im Preis steigen werden. Schon zuvor konnte die Nachfrage nicht gedeckt werden; nach der Mißernte des Jahres 2000 wird sich die Dollar-Preisspirale weiter bis ins Unendliche nach oben schrauben.

Saisonweise gibt es, natürlich nur auf der Zuckerinsel selbst, immer wieder zweit- und drittklassige Ware zum freien Peso-Verkauf an Kubaner. Hier handelt es sich um Zigarren, die nicht korrekt gewickelt wurden, bei denen das letzte Deckblatt fehlt oder die aus anderen Gründen nicht zum offiziellen Handel freigegeben wurden, die jedoch aus dem gleichen Tabak bestehen wie ihre versnobten Verwandten in den Zedernholzkisten. Wem es nicht um Image und Luxusattitüden geht, sondern um den Tabakgenuß an sich, der bittet einen kubanischen Bekannten oder Freund darum, eine Handvoll solcher Zigarren zu besorgen; meist werden sie gebündelt und in einfaches Papier gewickelt angeboten. Der Tourist selbst darf sie nämlich offiziell nicht kaufen. Pro Stück zahlt der Kubaner einen Peso, also ein Zwanzigstel von einem Dollar. Es steht uns Europäern gut zu Gesicht, bei der Erstattung der Auslagen etwas großzügiger abzurechnen.

Jetzt haben Sie Zigarren in der Hand, wie sie der einfache Kubaner raucht. Geben Sie Ihrem kubanischen Bekannten oder Freund eine davon ab. Und seinem Vetter und seinem Nachbarn auch. Und wenn dessen Nachbar auch noch gerade zufällig des Weges kommt, so soll auch der nicht leer ausgehen. Genießen Sie den Tabak gemeinsam. Und wenn Sie jetzt in den Rauch der Zigarren schauen, dann sehen Sie darin zwar keine Filmbilder von Spielkasinos, Nobelrestaurants oder Luxushotels, aber dafür etwas anderes, etwas ganz anderes. Etwas viel Schöneres.

Die zuckersüße Insel

La Lisa ist ein Stadtviertel von Havanna, in das sich nur selten Touristen verirren. Das Viertel liegt ganz am Rand des Zweieinhalb-Millionen-Molochs, zeichnet sich durch extrem schlechte Straßen aus, verfügt über nichts, was den Reisenden interessieren könnte. Hier sind die Kubaner unter sich. Das Leben darf also auf der Straße stattfinden; als Treffpunkte müssen die staatlichen Lebensmittel-Verteilerstellen oder ein x-beliebiges Vorgärtchen genügen. Man trifft sich heute hier und morgen dort.

Auf der kleinen Terrasse von Javiers Häuschen wird wieder einmal heftig diskutiert. Ausnahmsweise geht es heute weder um Sport noch um Politik, sondern um Musik: um die Exil-Kubanerin Celia Cruz, die greise Königin des Salsa, die weltweit mit goldenen Schallplatten und Ehrungen überhäuft wurde.

»Sie ist nach wie vor die Größte«, sagt Antonio, »niemand kann ihr das Wasser reichen.«

»Ach, Unsinn«, schimpft Julio, »sie hat Kuba verlassen, die Revolution verraten, hat im Ausland Millionen verdient. Wir sollten sie boykottieren.« Julio muß etwas Derartiges sagen, er ist aktiv in der Partei.

»Na und? Recht hat sie gehabt!« schaltet sich Javier lauthals ein, »sie wäre doch blöd gewesen, wenn sie hiergeblieben wäre. Schau sie doch an, was sie alles hat. Ein schönes Haus, mehrere Autos, viel Geld. Und was haben wir?«

»Wir haben ihre wunderschönen Lieder. Das ist mehr wert als Geld und Autos«, weiß Antonio.

»Ihre Lieder!« Javier bemüht sich, diese beiden Worte so verächtlich wie möglich auszusprechen. »Was ist das schon!«

»Genau!« Julio fühlt sich verstanden. »Ich bin der Meinung, daß Celia Cruz eine Verräterin ist und daß ihre Lieder in Kuba nicht mehr gehört werden sollten.«

»Das habe ich nicht gemeint«, versucht Javier zu relativieren, doch zu weiteren Ausführungen kommt es nicht mehr. Denn Antonio wirft selbstbewußt ein: »In ihren Liedern geht es sehr oft um Kuba. Sie hat Heimweh, das merkt doch jeder.«

»Dann soll sie heimkommen«, unterbricht ihn Julio, »ihr Vermögen dem Volk geben und hier leben und arbeiten, wie alle anderen auch.«

»Alles Unsinn, alles Quatsch«, brummt Javier. Für ihn ist das Gespräch anscheinend schon Vergangenheit. Auch für Antonio. Zumindest sieht es so aus. Er geht schnell weg, kommt kurz darauf mit einer Kassette und einem alten Kassettenrecorder zurück. Sagt kein Wort, bringt nur das Tonband zum Laufen. Aus dem mickrigen und ramponierten Lautsprecher klingt verzerrt Celia Cruz. Sie singt eines ihrer berühmtesten

Lieder, »La caña«, das Lied vom Zuckerrohr. Die Streithähne hören stumm zu. Alle drei haben Tränen in den Augen. Auch Julio, der Kommunist.

Mit dem generalstabsmäßig geplanten Zuckeranbau haben schon Columbus und die Seinen begonnen, kaum daß die letzten Ureinwohner Kubas, die Indianer, vollständig ausgerottet waren. Trotz der stets vorhandenen unterschwelligen Angst, die man vor den Schwarzen hatte, wurden immer mehr Negersklaven für die Arbeit auf den Zuckerrohrfeldern auf die Insel gebracht. Die Zuckerbarone kamen dadurch zu Reichtum, Wohlstand und Ansehen, und all die wunderschönen Kolonialstädte mit ihren Prachtbauten entstanden, die wir als Touristen heute bewundern. Was wir dabei nicht vergessen dürfen: Sie bestehen allesamt nicht nur aus Zucker, sondern auch aus dem Blut der Sklaven.

Demgemäß hat sich die Revolutionsregierung beeilt, die Zuckerkonzerne zu enteignen. Denn *la caña* war ganz offensichtlich die Quelle jeden Reichtums, die nun für das Volk sprudeln sollte. Riesige Felder wurden angelegt, und es wurde immer mehr auf das Zuckerrohr als Devisenbringer gesetzt. Abgesehen davon, daß jede Monokultur biologische Gefahren mit sich bringt, ist ihr Betreiber gnadenlos den Schwankungen eines launischen Weltmarktes ausgeliefert. Oder den inhumanen Folgen eines Embargos.

Lange konnten die kommunistischen Bruderländer, besonders die Sowjetunion, durch Stützungskäufe und Garantieabnahmen Kubas Embargodilemma auffangen oder zumindest das Schlimmste verhindern. Jetzt bleibt Kuba auf seinem Zucker sitzen oder ist gezwungen, ihn zu Dumpingpreisen zu verhökern. Der Segen des weißen Goldes ist zum Fluch geworden.

Das alles sollte man wissen, wenn man an den riesigen Plantagen entlangfährt. Die Erntearbeiter mit ihren riesigen Messern, die *macheteros*, sehen auf einmal ganz anders aus. Nicht wie Helden der Arbeit, wie ihnen ihre Regierung vormachen will, sondern eher wie Kämpfer auf verlorenem Posten. Sie leisten eine ungemein anstrengende körperliche Arbeit, werden dafür mit Orden dekoriert, bekommen sogar ein einigermaßen anständiges Gehalt und wissen dabei eigentlich schon längst, daß Kubas Zuckerzukunft nur noch als Fata Morgana taugt.

Mag sein, daß unsere drei Streithähne aus La Lisa auch deshalb nachdenklich und traurig wurden. »La caña« ist nicht nur ein Lied über die Schönheit der Felder und die Süße des Zuckers, sondern in seiner Melancholie sicher auch ein Abgesang auf einen Traum von allgemeinem Wohlstand, der schon zu Ende geträumt war, bevor er richtig begonnen hatte. Kuba hat auf die Zuckerkarte gesetzt und verloren.

Kein Wunder, daß nun der Kubaner anscheinend dazu neigt, all die Überschüsse selbst zu verbrauchen. Aus Zucker wird Papier gemacht und Rum; aber auch in seiner Reinform wird er kiloweise genossen. Als Zuckerrohrsaft, *guarapo* genannt, und in jeder anderen nur erdenklichen Form. Das einheimische *Tropi Cola* und das ebenfalls sehr beliebte Malta, ein Malzbiergetränk, sind für unseren Geschmack fast ungenießbar übersüßt. Wie alle anderen süßen Genüsse auch, vom Kuchen bis zum Speiseeis.

Nun ist Zucker zwar ein Energiespender, aber für den menschlichen Organismus in vielerlei Hinsicht nicht ungefährlich. Was die Kubaner, die sich über Generationen hinweg an dieses Überangebot von Zucker gewöhnt haben, offenbar nicht interessiert. Sie sind regelrecht süchtig nach Zucker. Erst im fortgeschrittenen Alter machen sich die Folgen dieser Leidenschaft bemerkbar. Fast jeder zweite Kubaner leidet irgendwann an Diabetes. Und Insulin ist knapp. *La caña* wird ein zweites Mal zur Geißel.

Und noch ein drittes Mal schlägt der Fluch des Zuckers zu. Aus Zucker wird nämlich auch Rum gemacht. Nun trinkt der einfache Kubaner bestimmt nicht solche Edelmarken wie der Tourist, doch er trinkt gern und viel, und sei es auch von gesundheitsschädlichen Selbstbränden mit hohem Alkoholgehalt. Der wirtschaftlichen Mangelsituation sei Dank, daß sich die Kubaner selbst diesen Fusel nur in Ausnahmefällen leisten können. Aber die, die dazu in der Lage sind, kennen oft kein Halten mehr. So ist die Zahl der Alkoholkranken drastisch gestiegen. Natürlich wird alles getan, um solche Erkenntnisse nicht an die Öffentlichkeit gelangen zu lassen, schon gar nicht an die ausländische. Statistiken werden geschönt oder gar gefälscht. Daß wir in großen Städten aber über die Jahre hinweg immer öfter abgestürzten Pennern begegnen und daß die Zahl der Suchtkliniken gestiegen ist, spricht eine deutliche Sprache.

Einer der einflußreichsten kubanischen Zucker-Clans war seinerzeit die Familie Bacardi. Seine Mitglieder zogen es allerdings nach der Revolution vor, ins Ausland zu gehen und dort weiterzuproduzieren. Den alten Herrn Bacardi ließen sie aber auf Kuba, in seiner Heimat. Er liegt auf dem Friedhof von Santiago de Cuba begraben, im Osten der Insel. An die Stelle von Bacardi trat der staatliche Rum Havana Club, der über Umwege auch heute exportiert wird, trotz Embargo. Als wahrer Kuba-Freund und -Sympathisant werden Sie also nie Bacardi trinken, sondern immer nur Havana Club. Auch wenn Bacardi auf seinen Flaschenetiketten inzwischen wieder mit der Aufschrift »Cuba« wirbt.

Bleibt noch die eingangs aufgeworfene Frage in Sachen Celia Cruz. Darf man als anständiger Kuba-Freund, als *aficionado*, ihre Musik nun lieben oder nicht? Wer hat recht, Antonio oder Julio? Mein Tip: Schenken Sie sich einen kleinen Havana Club ein und hören Sie »La cania«. Damit kommen Sie Kubas Seele ein großes Stück näher.

Die alten Autos

*W*eil das Kuba-Expertentum erahnt und erfühlt werden muß, mehr mit einer gewissen Grundeinstellung zusammenhängt als mit Wissen, ist die Gemeinde der *aficionados* ein sehr unhomogenes Gebilde. Ihre Mitglieder haben zwar alle dieses gewisse Blitzen in den Augen, wenn sie von Kuba erzählen, aber jeder blitzt auf seine Weise. Und natürlich auf die einzig richtige.

So reicht das Spektrum der Gemeindemitglieder vom begeisterten Hobbytaucher, der noch nie so schöne Korallenriffs wie auf Kuba gesehen hat, über das große und ständig wachsende Mittelfeld der Kuba-Romantiker, die mit »Guantanamera« im Ohr und einem diffusen Bild von Che Guevara im Herzen lauthals die Wahrheit vom ach so liebenswerten Kubaner verkünden, bis hin zum politisch gebildeten Solidaritätsreisenden, der auf alles eine korrekte Antwort weiß. Untereinander sind sich die Gemeindemitglieder alles andere als grün. Es bilden sich Gruppen und Grüppchen, an deren Rand zahllose Einzelkämpfer ihren heroischen Kampf um die Wahrheit ausfechten.

Doch so verschieden im Ansatz und so bunt zusammengesetzt die Gemeinde der *aficionados* auch ist, es gibt einen Punkt, der alle Kuba-Freunde vereint, der sie allesamt zu Genossen macht: die Freude über die Allgegenwart der alten Autos, der amerikanischen Oldtimer. Jeder, ob ganz normaler Urlauber, Romantiker oder Helfer, blickt ihnen mit glänzenden Kinderaugen nach, stößt anerkennende »Ahs!« und »Ohs!« aus, wie bei einem besonders gelungenen Feuerwerk.

Die Präsenz dieser majestätischen Kutschen hat einen ganz praktischen Grund: Seit 1961, seit das Handelsembargo der USA gegen Kuba besteht, sind keine neuen Autos mehr eingeführt worden, auch keine Ersatzteile. Der Not gehorchend, wurden daher die alten immer wieder repariert, mit auf abenteuerliche Weise beschafften oder notfalls auch selbstgebastelten Ersatzteilen. Kaum eines dieser schönen Fahrzeuge befindet sich also im Originalzustand, auch wenn es auf den ersten Blick noch so gepflegt erscheint. Im Innern der alten Chevys, Buicks, Chryslers, Studebakers, Hudsons oder Fords verbergen sich viele Teile von anderen Autotypen sowie eine Unzahl von technischen Eigenkonstruktionen, die an Einfallsreichtum kaum zu überbieten sind.

Benzin ist Mangelware auf Kuba; und die alten Schlitten sind wahre Spritfresser. Daher rüsteten die fleißigen Bastler in den meisten Fällen als allererstes den Motor ihrer Familienerbstücke auf Diesel um. Oft passen auch die Reifen nicht zum Modell, was man an der schlingernden Bewegungsweise sehen kann. Die Sitzüberzüge sind kreative Eigenschöpfungen, die Farbe des Lacks wurde durch das Angebot bestimmt.

Nicht jeder kubanische Autobesitzer hat einen Sinn für die Schönheit seines Fahrzeugs. Geschweige denn das Geld und die Zeit, mehr als unbedingt nötig an seinem Gefährt herumzubasteln. Daher sind viele Oldtimer unterwegs, bei denen man sich wundern muß, daß sie sich überhaupt noch mit eigener Kraft bewegen können. Und viele rosten am Straßenrand oder in einem Vorgarten leise vor sich hin, werden aufgrund des Benzinmangels überhaupt nicht mehr gefahren.

In Havanna gibt es ein Automuseum, in dem berühmte Oldtimer ausgestellt werden. Darunter ist auch der Chevy Che Guevaras, bewacht und behütet wie ein Staatsschatz. Auch bei Santiago de Cuba, im Osten der Insel, kann man Oldtimer gegen Eintritt bewundern. Was sich allerdings fast erübrigt, da ganz Kuba ein einziges Freilicht-Automuseum ist.

Wer sich als Schatzsucher betätigen will, macht sich daran, das Chrysler-Kabrio von Ernest Hemingway aufzuspüren. Ein Liebhaber, der es eigentlich an den Staat verkaufen wollte, sich dann aber vor Abschluß des Handels nach Miami abgesetzt hat, hat es irgendwo auf der Insel versteckt. Nur er weiß, wo der Traum zahlreicher Sammler steht. Aber er sagt es nicht. Vielleicht spekuliert er ja auf andere Zeiten und betrachtet seinen Autoschatz als Startkapital für sein zweites Leben auf Kuba. Wenn ihm da mal nicht jemand einen Strich durch die Rechnung macht ...

Viele dieser Autos sind als Taxis im Einsatz. Der Reisende kann also ohne weiteres in den Genuß einer Oldtimer-Fahrt kommen. Allerdings muß er inzwischen ein bißchen suchen. Und zwar nach einem Fahrer, der keine Angst vor den staatlichen Bestimmungen und den Sanktionen hat, die ihm drohen, wenn er einen Ausländer herumkutschiert. Die für Touristen vorgesehenen Taxis sind nämlich relativ neu und teurer als diejenigen für Kubaner. Die dürfen in den alten Kutschen herumfahren, empfinden das aber überhaupt nicht als Privileg – viel lieber würden sie in diesen schönen gelben neuen Autos sitzen.

Ende der achtziger Jahre versuchte sich die kubanische Regierung als Autohändler. Es gehörte nicht viel Geschick dazu, den Oldtimer-Markt als solchen zu erkennen, denn die Anfragen häuften sich. Es wurden also Bestandsaufnahmen gemacht, Statistiken erstellt und Formulare entworfen. Da das Geschäftemachen und Geldverdienen in Kuba ausschließlich ein Privileg des Staates war und ist, mußte jeder potentielle Autoverkäufer seinen Wagen dem Staat verkaufen, der dann über eine eigens gegründete Firma mit Oldtimer-Fans ins Geschäft kam. Die Bezahlung, die der Kubaner für sein Schmuckstück erhielt, war ein neuer Lada. Was für viele Kubaner natürlich nicht Anreiz genug war. Schließlich haben auch sie die gierigen Blicke der kaufwilligen Ausländer bemerkt und konnten sich ausrechnen, daß da einiges mehr herauszuholen wäre als ein neues Kleinauto aus der Sowjetunion. Deren Auflösung brachte dann den staatlich kontrollierten Autohandel völlig zum Erliegen, denn für Pesos wollte kaum ein Kubaner seinen Oldtimer hergeben.

Wer heute nach dem Erwerb eines Oldtimers trachtet, schickt am besten einen kubanischen Freund als Strohmann vor. Und das nicht nur, um Kosten zu sparen. Der Kauf muß allerdings in jedem Fall über einen Rechtsanwalt laufen.

Für den Export gibt es keine eindeutigen Bestimmungen, oder zumindest sind sie variabel auslegbar und stets willkürlich erscheinenden Änderungen unterworfen. Die Ausfuhr von alten Autos ist im allgemeinen nicht vorgesehen, aber Ausnahmen gibt es immer. Bringen Sie Geduld und größere Dollar-Vorräte mit für unvorhergesehene Zusatzausgaben. Ihr kubanischer Strohmann wird Sie darüber informieren, wann und wie und bei wem sie fällig werden.

Man kann aber auch der Meinung sein, daß Kubas Oldtimer nirgends so gut wirken wie in Kuba. Sie sind hier Ausdruck einer trotzigen Überlebenskraft. An anderen Orten dieser Welt dagegen taugen sie höchstens als schnödes Prestige- oder Anlageobjekt.

Las chicas

Mit dem Tourismusboom ist wieder ein Unkraut gewachsen, das die Revolutionäre für endgültig ausgerottet hielten: die Prostitution. Was in der dekadenten vorrevolutionären Zeit gang und gäbe war, sollte nie mehr die Ehre der kubanischen Frau und des kubanischen Volkes insgesamt beflecken dürfen. Und jetzt war es wieder soweit. Junge Mädchen jeder Hautfarbe, zum Teil noch minderjährig, lauerten schon am Flughafen alleinreisenden Männern auf, um sich ihnen an den Hals zu werfen. In den großen Ferienanlagen stolzierten sie, herausgeputzt wie Popstars, auf und ab und gingen auf Freierfang. In den Diskotheken forderten sie die einsamen Herren der Schöpfung zum Tanz auf, sprachen sie zumindest unter jedem noch so nichtigen Vorwand an. Meist ging dieser ersten Kontaktaufnahme ein seltsames Zischen voraus, das man am besten mit »ksss« beschreiben kann. Diesen Zischlaut wird man in Kuba des öfteren hören: Man ruft damit einen Kellner oder einen Taxifahrer zu sich oder macht einen anderen auf sich aufmerksam, egal, ob er hierarchisch höher oder tiefer steht. In Kuba zischt es. Ksss.

Das gleiche Geschehen am Strand. Darf ich mich zu dir setzen? Spendierst du mir eine Cola? So begann (und beginnt) meistens ein Gespräch, oft im abenteuerlichsten Kauderwelsch, das irgendwann in erste Vertraulichkeiten überging und schließlich im Bett endete.

Ein neuer Name war schnell gefunden für diese Mädchen und Frauen: Man nannte sie *jineteras* (sprich: chineteras), was auf deutsch so viel wie »Reiterinnen« heißt. Wobei der Begriff »Reiterin« nicht das Geringste mit einer bevorzugten Liebesstellung zu tun hat. Die Entstehung dieses Wortes geht vielmehr auf eine Zeit zurück, in der es bei Strafe verboten war, Dollars zu besitzen. Die illegalen Geldtauscher versteckten also die Früchte ihres illegalen Handelns an einem geheimen Ort, eilten ständig hin und her zwischen Touristenmeile und Versteck, damit sie die verbotenen Geldscheine möglichst nicht am Körper trugen. Es könnte ja eine Kontrolle kommen. »Wo reitest du denn schon wieder hin?« riefen Bekannte und Freunde dem Geldtauscher nach, erwarteten aber keine Antwort. Es war klar, daß er zu seinem Versteck ritt.

Der *jinetero*, also der männliche Reiter, ist dementsprechend jemand, der es zu etwas bringen will und der deshalb Geschäfte jedweder Art mit Ausländern macht. Meist geht es dabei um Kleinstbeträge.

Die *jinetera*, sein weibliches Pendant, hat keine Auswahlpalette von Verdienstmöglichkeiten. Sie verhökert weder Zigarren noch Rum, vermittelt weder *pa-*

ladares noch Autos – spezialisiert sich ganz auf das älteste Gewerbe der Welt. Die Zahl der Frauen, die auf diesem Weg zu Geld kommen wollten, stieg. Sie sahen keine andere Möglichkeit mehr oder wurden durch den offen zur Schau gestellten neuen Wohlstand von Bekannten und Freundinnen auf den Geschmack gebracht.

Bevor die Bauernmärkte frei waren, das heißt kapitalistisch organisiert, bunkerten die Landwirte alles, was sie konnten, und boten nur das Nötigste zum Verkauf an. Viel zuwenig, um Kubas Bevölkerung zu ernähren. Für die *jineteras* ging es in vielen Fällen wirklich darum, sich und ihren Familien etwas zum Essen kaufen zu können, wofür sie harte Dollars brauchten.

Da sie nicht wußten, welchen Marktwert ihre Dienste hatten, waren sie andererseits oft mit einem Stück Seife, ein paar Schuhen oder einer Jeans zufrieden, verkauften sich dafür eine ganze Nacht lang an sturzbetrunkene Exemplare aus der Spezies der Touristen. Die *chicas*, die jungen Frauen, wurden zu *jineteras*. Waren stunden-, nächte- oder auch einen Urlaub lang zu allem bereit, wurden gehandelt und weitergereicht, bei Nichtgefallen schon nach kurzer Zeit in die Wüste geschickt, oder, wenn Sympathie und vielleicht sogar ein Körnchen Verliebtheit im Spiel war, bei der Abreise mit einem Verlobungs- oder zumindest Einladungsversprechen wieder in den harten kubanischen Überlebenskampf zurückgeschickt.

Nicht alle *chicas* wollten *jineteras* werden, zumindest keine echten. Sie spezialisierten sich darauf, ihren

Freier betrunken zu machen und anschließend ins Hotelzimmer zu begleiten. Dort schnappten sie sich dann schnell und geschickt die kleinen Hotelseifen und Duschgel-Fläschchen, und wenn sie konnten, auch noch alles andere, was irgendwie für sie in Reichweite und von Wert war. Und von Wert war alles: Deodorant, Parfüm, T-Shirts, Handtücher. Ein Besuch auf dem Zimmer, um so schnell wie möglich wieder zu verschwinden. Immer noch im vermeintlichen Besitz ihrer Ehre.

Es gehört wohl zu dieser Art von Tourismus, daß man am Stammtisch daheim mit schlüpfrigen Andeutungen oder auch mit handfesten Berichten in Sachen sexuelle Abenteuer Eindruck schinden muß. Auf diese Weise wurde für Kuba Ende der achtziger Jahre weltweit Reklame gemacht. Eine Reklame, die der kleinen Insel wohl besser erspart geblieben wäre.

Wir schreiben 1995, als ich wieder einmal im Auftrag meiner Zeitung einen Kuba-Bericht schreiben soll und darf. Der staatliche Fremdenverkehrsverein Cubanacan spendiert mir, dem Journalisten aus Deutschland, ein komfortables Zimmer in einem Luxushotel in Havanna. Ein Zimmer, das ich eigentlich gar nicht will, das ich aber aufgrund der offiziellen Einladung schwerlich ablehnen kann. Mit einem alten kubanischen Bekannten und Freund mache ich das Beste aus der Situation. Wir feiern auf Staatskosten ein hochprozentiges Wiedersehen an der Hotelbar. Der Rum fließt, die Wiedersehensfreude ist groß, Zigarren gibt es ebenfalls, und die Welt ist rundum in Ordnung.

Bis mein Kumpel auf die Toilette muß und mich, den Ausländer, allein an dem kleinen Bartisch zurückläßt. Es dauert drei Sekunden, lassen Sie es zehn gewesen sein, da fragen zwei überaus hübsche junge Damen, ob sie sich zu mir setzen dürfen. *Claro, porque no.* Es gibt nicht den geringsten ersichtlichen Grund, der schwarzen Schönheit und ihrer kaffeebraunen adretten Begleitung dieses Ansinnen abzuschlagen.

Man kommt ins Gespräch, gibt großzügig Drinks aus – auf Staatskosten zwar, aber das wissen die beiden nicht – und radebricht fröhlich vor sich hin. Ja, Deutschland ist ein schönes Land, aber doch sehr kalt. Wie gut, daß hier in Kuba immer die Sonne scheint.

Die Sonne hört auf zu scheinen, als mein Kumpel von der Toilette zurückkommt. Im Gegensatz zu mir hat er nämlich die Situation sofort erkannt. Ohne Vorwarnung tätschelt er der schwarzen Schönheit – sie heißt übrigens Elisa – äußerst dreist das Knie, greift ihr ans Kinn und zwingt sie mit sanftem Druck zu einem direkten Blickkontakt, zu einer Intimität. Übrigens eine Intimität, die sich in Kuba nur Verlobte oder Verheiratete leisten. Ansonsten wird bei einem Gespräch zwischen Frau und Mann der direkte Blickkontakt tunlichst vermieden.

Elisa lächelt und lacht noch immer, sie ist Profi. Wahrscheinlich denkt sie gerade an die Kreditkarte oder an die Dollarscheine, die sie mit mir in Verbindung bringt.

Endlich begreife ich. Ich schicke Lilly, Elisas kaffeebraune Begleiterin, die vielleicht vierzehn oder fünfzehn Jahre alt ist, mit einem Taxi, einem rasch in die Hand gedrückten Geldschein und einem Küßchen auf die Wange nach Hause. Lilly ist glücklich. So leicht hat sie sich noch nie *dolares* verdient.

Mit Elisa – ich schätze sie auf um die fünfundzwanzig – will ich ebenso verfahren. Mir ist die Situation irgendwie peinlich. Aber Elisa läßt sich nicht abwimmeln. So lade ich sie zu einem Abendessen zu dritt in das Hotelrestaurant ein. Immer noch auf Staatskosten, aber das weiß sie immer noch nicht. Sie weiß aber, daß es bei mir nicht mehr zu holen gibt, als den Geldschein, den sie schon in der Hand hat. Das habe ich ihr ausdrücklich gesagt.

Elisa lädt ihren Teller am Büffet so voll wie ein Lastwagenfahrer. So, als gäbe es die nächsten hundert Jahre nichts mehr zu essen auf dieser Welt. Und sie nimmt sich noch einmal die gleiche Portion nach.

Es macht Spaß, einen eingeladenen Gast mit Appetit essen zu sehen. Aber Elisa ißt nicht. Sie schaufelt in sich hinein, sie schlingt, sie frißt. Und sie packt auch noch etwas ein. Für die Familie.

Nachdem mein Kumpel sich endlich im Taxi auf den Heimweg gemacht hat, setze ich mich mit Elisa an den Swimmingpool. Auch sie hat inzwischen etliche *mojitos* und andere Rumgetränke intus.

»Findest du das schön, wenn dir wildfremde betrunkene Männer ans Knie oder ans Kinn langen?«

»Überhaupt nicht, ich hasse es.«

»Warum läßt du dir dann so was gefallen?«

»Weil ich muß, ich brauche das Geld.«

»Elisa, bitte sag mir ganz ehrlich: Wissen denn deine Eltern davon, womit du dein Geld verdienst?«

»Ich hoffe nicht.«

»Was heißt das? Wissen sie es, oder wissen sie es nicht?«

»Ich glaube schon.«

»Und?«

»Wir reden nicht darüber.«

»Aber sie müssen dich oder zumindest sich selbst doch fragen, wo du jeden Abend so schick aufgeputzt hingehst. Und woher all die Dollars kommen.«

»Das tun sie nicht.«

»Sind deine Eltern dumm oder blind? Warum tun sie das nicht?«

»Sie haben Angst vor der Antwort. Und sie brauchen die Dollars. Wer braucht sie nicht?«

Elisa fängt an zu weinen. Wir beenden das Gespräch. (Für alle, die nach einem Happy-End lechzen: Elisa ist inzwischen glücklich verheiratet, erwartet ihr zweites Kind und verdient ihr Geld als Zimmermädchen in einem großen Hotel in Havanna.)

Das Thema Prostitution hat in Kuba inzwischen einen ganz neuen Stellenwert bekommen. »Kuba wird nie ein zweites Thailand werden«, sagt mir Orlando Pedroso, ein Mitglied der *presidencia* von Cubanacan, jener Institution, der ich meine Begegnung mit Elisa insofern zu verdanken habe, als sie mich in eines der typischen Touristenhotels eingeladen hat.

Jahrelang wurde in Kuba das Thema Prostitution von offizieller Seite aus hartnäckig totgeschwiegen.

Was es nicht geben darf, das gibt es auch nicht. Um so erstaunlicher ist die Flut von Gegenreaktionen. Sie sind sicherlich aufgrund einer gewissen Handlungsbedarf-Hysterie entstanden, verfehlen aber nicht ihren Zweck. An den Touristenstränden wird penibel nach minderjährigen *chicas* gefahndet, in den Hotels kommt man nur nach Zahlung einer größeren Bestechungssumme mit einer *chica* am Pförtner oder am Etagenkontrolleur vorbei, und in den Diskotheken müssen *chicas*, die des öfteren hier verkehren, am Eingang ihren Namen und ihre Ausweisnummer hinterlassen. Frauen, die sich mehrmals in der gleichen Diskothek verlustieren und nicht erklären können, woher sie das Geld dafür nehmen, müssen sich auf eine Befragung gefaßt machen. Ertappte *jineteras* landen in einer Art Umerziehungslager, für mindestens drei Monate.

Also Schluß mit lustig. Der kubanische Staat ist wild entschlossen, seine *chicas* zu schützen. Und sein Ansehen sowieso. Die Zeiten haben sich geändert. Aber irgendwo und irgendwie gibt es immer Schlupflöcher. Die Edelprostitution – 200 Dollar und mehr die Nacht für eine schwarze oder kaffeebraune *chica* – floriert im finanziell großzügigen kubanischen Untergrund mehr denn je.

»Was hat der Alte nur gegen uns?« fragt laut dem *Spiegel* so manche von der Straße oder vom Strand vertriebene *jinetera*. Castro wird ihnen nie eine Antwort geben. Vielleicht gehören kubanische Frauen ja nur zu kubanischen Männern. Lang lebe die Revolution.

Die *chicas* in Kuba sind wesentlich offen- und warmherziger als andere junge Frauen dieser Welt. Eine attraktive *chica* muß darum noch lange keine *jinetera* sein. Doch auch wer auf echte Sexabenteuer hofft, sei gewarnt: Kondome sind Mangelware auf Kuba. Ein und dasselbe Exemplar wird – natürlich fein säuberlich ausgewaschen – so oft wie möglich wiederverwendet. Nicht nur bei *jineteras*. Und die ersten AIDS-Fälle sind auf Kuba schon lange registriert, wenn auch nicht unbedingt publik gemacht worden.

Zwischen heißblütiger Leidenschaft und Liebesabenteuern, die mit Frust enden, weil es letztlich doch nur um *dolares* ging, gibt es auf Kuba noch eine ganz spezielle Mischform: Eine *chica* verliebt sich in einen Ausländer oder redet es sich so lange ein, bis sie selbst daran glaubt, hat aber im Hinterkopf auch die Vision entwickelt, von diesem heißgeliebten Ausländer irgendwann einmal in dessen Heimat eingeladen, aus Kuba fortgebracht zu werden, um an einem anderen Ort dieser Welt ein neues Leben anfangen zu können.

Fidel, comandante en jefe

*K*ubas Staatsfeind Nummer eins ist ein kleiner Junge, ungefähr acht Jahre alt. Nein, es ist nicht der kleine Elian, der sich Ende 1999 mit einem Floß aufgemacht hat in die USA und um den sich Kuba und die USA medienwirksam stritten. Es ist ein Junge, von dem es bis jetzt kein einziges Foto gibt, dessen Nachnamen niemand weiß und dessen genaues Alter ebenfalls im dunkeln liegt. Kein Mensch hat ihn bislang gesehen, nicht einmal der ausgebuffteste Beamte des Geheimdienstes des *comandante* Fidel Castro, und er ist trotzdem bekannter als alle anderen kleinen Jungen auf der Zuckerinsel. Und gefährlich wie ein scharfes Messer. Dieser kleine Junge heißt Pepito. Um diesen Pepito ranken sich viele Geschichten.

Geschichten wie diese: Pepito ist zum Baden gegangen, sonnt sich an einem schönen Strand. Wie aus dem Nichts taucht ein Hubschrauber auf, und, *ay, mi madre*, aus dem Hubschrauber wird ein Mensch abgeworfen. Ohne zu zögern rudert der Junge mit einem Boot hinaus und rettet den Unglücklichen, um mit Erstaunen festzustellen, daß er da Fidel Castro aus dem Wasser gezogen hat. »Pepito«, sagt dieser, als er wieder durchatmen kann, »du hast mir, deinem *comandante en jefe*, deinen Kommandanten und Chef, das Leben gerettet. Ich werde dir dafür jeden Wunsch erfüllen. Sprich ungeniert drauflos!« Pepito muß nicht lange überlegen: »*Comandante*, ich habe nur einen einzigen Wunsch, der ist aber wichtig: Bitte sag keinem einzigen Menschen auf der Welt, daß ich es war, der dich gerettet hat.«

Pepito ist also ziemlich schlagfertig. Aber nicht immer. Manchmal sind die anderen schlagfertiger, zum Beispiel sein Lehrer. »Warum weinst du denn, mein Junge, was ist denn passiert?« Pepitos Papa macht sich Sorgen. »Ach, Papa«, schluchzt der Junge, »der Lehrer hat mir eine runtergehauen.« »Aber um Himmels willen, warum denn?« »Das weiß ich auch nicht, lieber Vater. Zuerst fing alles ganz harmlos an. Der Lehrer hat uns gefragt, wo man denn, falls der Fall der Fälle eintreten würde, von dem wir alle hoffen, daß er nie eintreten wird und den uns das Schicksal bitte nie zumuten möge, wenn also der Fall eintreten würde, daß Fidel Castro, unser aller großer Bruder und Vater ... wo man ihn denn begraben könne, welcher Platz seiner würdig wäre. Und da habe ich den heiligen Ort Jerusalem vorgeschlagen«, schluchzt Pepito. Worauf ihm sein Vater eine schallende Ohrfeige gibt. »Aber warum denn, Papa, warum?« heult Pepito. »Ja, weißt du denn nicht«, schimpft Pepitos Vater, »was in Jerusalem nach drei Tagen passiert ist?!«

Die Kubaner erzählen diese Witze, wie alle Witze, die sie haben, viel ausführlicher, als ich es getan habe.

Jeder kubanische Witz, auch der von der drohenden Auferstehung Castros in Jerusalem, hat zahlreiche Nebenschleifen. Sie fangen mit der Kleidung Pepitos an, gehen über seine Frisur zur genauen Beschreibung der Schulbank über, auf der Pepito saß, als er von seinem Lehrer eine Ohrfeige bekam, bis hin zur Skizzierung Jerusalems und so weiter und so fort. Der Kubaner liebt das Elegische, die grenzenlose Ausführlichkeit bis ins kleinste Detail, die Wortmasse an sich und die Kunst des wortreichen Erzählens. So ein subversiver Strolch wie Pepito kommt ihnen da also gerade recht, um sich in der Kunst der Wortgewaltigkeit zu üben und in dieser zu brillieren.

Der *comandante en jefe* Fidel Castro macht vor, wie es geht. Kaum eine Rede unter fünfundvierzig Minuten, statt dessen eher Ausführungen bis zu drei und vier Stunden, und wenn er sich einmal ein bißchen kürzer faßt als gewohnt, spekulieren die feindlichen ausländischen Medien schon über eine mögliche Verschlechterung seines Gesundheitszustands.

Castro, der inzwischen schon mehr als zweihundert Attentatsversuche des amerikanischen Geheimdienstes CIA überlebt haben soll – wobei die Definition eines Attentatsversuchs nicht ganz klar ist –, hat mehrere Wohnsitze und entscheidet spontan und unberechenbar, welchen von diesen er anzusteuern gewillt ist – sogar sein Chauffeur erfährt erst in letzter Sekunde, wohin und welchen Weg er fahren soll. Castro schützt sich mit der Präsenz zahlreicher Doppelgänger, schläft, wenn er denn einmal schläft, in einem Sauerstoffzelt, entscheidet willkürlich und spontan über das eventuelle Tagesprogramm, hat seinen Bruder Raúl vorsorglich zum Nachfolger bestimmt und geht dennoch davon aus, daß er selbst unsterblich ist.

Das behaupten zumindest jene, die diese charismatische Persönlichkeit je kennenlernen durften. Und auch wer kein Freund des Sozialismus ist, kann schwerlich abstreiten, daß sich um die Figur Castros so etwas wie ein Mythos gebildet hat, der in seiner Konsistenz nicht genau festzumachen ist. Vom Guerillakrieger in den Wäldern zum international anerkannten und teilweise auch gefürchteten Staatsmann – so ein Lebensweg ist in seiner Einzigartigkeit kaum zu übertreffen.

Die Kubaner fühlen sich aber durch die Überpräsenz Castros eher belästigt als inspiriert. Zumindest die systemkritischen. Castros Politparolen prangen am Straßenrand wie Zigarettenreklame, kaum eine Nachrichtensendung des staatlichen Fernsehens Cubavision kommt ohne eine Eröffnungsmeldung aus dem Hause Castro aus, und die staatlich verordnete Parteizeitung *Granma* bringt den *comandante en jefe* sooft wie möglich auf dem Titelblatt. Aber auch die Anti-Fidel-Kubaner haben Respekt vor ihrem *máximo líder*. Es ist also bestimmt nicht nur Angst vor irgendwelchen Konsequenzen, wenn sie es vorziehen, sich über den imaginären Bart zu streichen, anstatt Castros Namen zu nennen, wenn sie von ihm sprechen.

Der kommunistische Alltag ist natürlich voller Tükken und Fallstricke, die sich unsereins nur in seinen kühnsten Phantasien vorstellen kann. Ich kenne persönlich einen privaten und auf den ersten Blick sehr sympathischen Mitarbeiter der Geheimpolizei, der als Major bei der Abteilung »Wut des Volkes« tätig ist (er hat seine Abteilung im Rahmen einer launigen Unterhaltung selbst so benannt – wie sie wirklich heißt, geht mich anscheinend nichts an). Wann immer irgendwo eine politische Versammlung stattfindet, bei der jemand lauthals seinem Unmut oder zumindest seiner gegensätzlichen Position unmißverständlich Ausdruck verleiht, greift die Abteilung Volkswut ein. Der Schreihals wird mit handfesten, schmerzhaften Maßnahmen zum Schweigen gebracht. Was mein Bekannter für in Ordnung und für moralisch vertretbar hält. Diskussionen mit ihm, auch solche in aller Gemütlichkeit zwischen Rum und Schaukelstuhl, führen zu keinem greifbaren Ergebnis.

Es passiert viel zwischen Tür und Angel; und bestimmt nicht jedes freche Wort gegenüber dem System wird mitgehört oder gar gemeldet. Dennoch bin ich sicher, daß es besser ist, wenn mein Volkswut-Bekannter dieses Buch nicht in die Hände bekommt. Wir wollen seine Loyalität gegenüber Castro doch nicht auf die Probe stellen.

Castro zeigt sich gern souverän und großzügig. Kabarett und Satire sind erlaubt. Man darf öffentlich über die Polizisten »aus dem Osten« lästern, über staatliche Verordnungen jeder Art, über Touristen und Amerikaner ganz besonders und über alles andere erst recht – aber bei seiner Person hört der Spaß auf. Keine

Scherze über den *comandante en jefe*. Die leistet sich nur Pepito. Und der entzieht sich jeder Kontrolle.

Die westlichen Medien wollen uns weismachen, daß alle Kubaner ihren Castro am liebsten auf dem schnellsten Weg loswerden möchten, daß fast jeder mit der Regierung unzufrieden ist. Ein Zerrbild, das so einfach nicht stimmt. Viele Kubaner wissen ganz genau, daß sie im Vergleich mit ganz Lateinamerika sehr gut dastehen, daß sie sogar die Nummer eins sind, wenn es um innerkaribische Vergleiche jedweder Art geht. Kuba hat ein vorbildliches Gesundheits- und Bildungssystem. Es fehlt zwar an Medikamenten und an Schulmaterial, aber sowohl die Säuglingssterblichkeit als auch das Analphabetentum sind fast auf null reduziert worden.

Es macht Spaß, mit Kubanern zu diskutieren über was auch immer. Ihr Bildungsniveau ist sehr viel höher als das in Europa und als das amerikanische sowieso. Während ein Durchschnittsamerikaner einen deutschen Touristen immer noch fragt, ob es *in good old Germany* tatsächlich Hitler, das Oktoberfest und seit neuestem auch Farbfernsehen gibt, will der Durchschnittskubaner wissen, wie sich das Leben in der Ära Schröder von dem in der Ära Kohl unterscheidet. Und ob es wirklich etwas Greifbares gebracht hat, daß es in *Alemania* jetzt private Stromanbieter gibt.

Ein kubanischer Freund hat mich einmal in Oberbayern besucht, und ich habe ihn unvorbereitet während eines Spaziergangs an den Starnberger See geführt, an jene Stelle, an der das große Kreuz im Wasser steht. Javier – so heißt mein Kumpel, auf bayerisch also Xaverl – hat mit einem Blick die Situation erkannt: »Das war kein Unfall, sie haben ihn umgebracht.«

»Von wem redest du?«

»Ich rede vom bayerischen Märchenkönig, vom Kini. Sie haben ihn umgebracht, das ist doch klar. Das Wasser hier ist viel zu flach, als daß jemand darin ertrinken könnte.«

Sie werden verstehen, daß mir das erst einmal die Sprache verschlug. Mein Kumpel aus Havanna aber konnte mein Erstaunen kaum einordnen. Es gehört wohl zum Standardwissen in Kuba, daß es in Bayern einen See mit einem großen Kreuz in Ufernähe gibt und daß in diesem See der Kini ertrunken ist.

Natürlich weiß man – wo auf der Welt auch immer – oft nicht zu schätzen, was man hat. So sind für viele Kubaner das gute Gesundheitssystem und das hohe Bildungsniveau eine Selbstverständlichkeit. Sie klagen über den ständigen Mangel an Medikamenten, an Schulmaterial und schimpfen hinter vorgehaltener Hand über Castro. Wobei der Medikamentenmangel ein Thema ist, zu dem kurz ausgeholt werden muß.

Die Amerikaner sind schuld. Und das meine ich jetzt nicht ironisch. Das US-Embargo hat dafür gesorgt, daß sich auf Kuba in Sachen Medizin eine dramatische Situation entwickelt hat. Die kubanischen Ärzte, Genies zwischen Naturheilkunde und traditioneller Schulmedizin, können zwar flächendeckend kostenlos behandeln und beraten, aber das Medikament, das sie dann auf ihren Rezeptblock schreiben, ist selten in der Apotheke erhältlich. Für den Durchschnittskubaner beginnt nun eine Odyssee. Die Preise auf dem Schwarzmarkt sind unerschwinglich; die Verteilerstellen der Caritas haben auch nicht immer das, was man braucht. Bleiben die internationalen Apotheken. In diesen Apotheken gibt es alles, was man braucht, aber nur für Ausländer mit *pasaporte* und *dolares*. Wer sich bei einem Ausländer mit seinem Anliegen anbiedern kann, hat gewonnen. Ein notwendiges Verfahren, für das selbst der geschickteste Propagandaschreiberling Castros keine befriedigende Erklärung finden wird.

Ansonsten wird jeder Mißstand, jeder Mangel auf der Insel mit dem Hinweis auf das US-Embargo beantwortet. Damit schweißt der große *comandante* eine Gemeinde zusammen, die sich im Trotz gegen die USA übt und die weiterhin Entbehrungen und Mangel in Kauf nimmt. Inzwischen weiß man schon lange, zumindest Pepito weiß es, daß das Embargo immer wieder als Ausrede herhalten muß, wenn in der kommunistischen Mauschelwirtschaft etwas versagt hat, was eigentlich nicht hätte versagen dürfen. Die Amis sind an allem schuld. Das sollen zumindest die Kubaner glauben.

Viele Kubaner schließen sich dieser Staatsmeinung auch an; aber andere empfinden Castro als Diktator, sind enttäuscht, weil sich die Heilslehren der Revolution nicht erfüllt haben, fühlen sich schlicht und einfach ausgenutzt. Natürlich wollen sie kein kapitalistisches System, sie wissen ja gar nicht, was das ist, aber sie wollen Marlboro und Mercedes. Wollen all das haben, was die Touristen auch haben.

Castro hat etliche Gegner. Auch auf seiner Insel. Die bekannteste Oppositionsgruppe ist ein Bund freier Journalisten. Sie ist immer noch in die Illegalität verbannt, kann nur im verborgenen wirken.

Aber Castro hat auch viele Freunde. Er gilt, gerade bei den Älteren, immer noch als großer Bruder und Gottvater. Die Erziehung hat ihren Teil dazu beigetragen. Jeden Morgen wird in der Schule feierlich die Fahne gehißt und an Heldentaten der Revolution erinnert.

Es bleibt rätselhaft, warum Castro keine Wahlen nach demokratischen Spielregeln zuläßt; er würde nämlich gewinnen, wenn auch knapp. Statt dessen gibt er Parolen wie »Wahlen – warum?« aus und veröffentlicht dann Pseudoergebnisse von Pseudowahlen: 99,2 Prozent aller Kubaner haben Castro ihre Stimme gegeben.

Vor den jeweiligen Wahlen gehen »Wahlhelfer« von Haus zu Haus, animieren zur Stimmabgabe, machen Druck. Wer nicht zur »Wahl« geht, hat gesellschaftliche Nachteile zu befürchten. Ein Büro zur Verwirklichung der Revolution gibt es in jedem noch so entlegenen Stadtviertel oder Dorf.

Gezählt wird jede Äußerung. Wer seinen Wahlzettel durchstreicht, weil es niemanden außer Castro zu wählen gibt, hat Castro gewählt. Weil er zur Wahl gegangen ist. Und sogar wer »Zur Hölle mit Castro« auf seinen Zettel schreibt, hat laut offizieller Lesart für den *comandante en jefe* gestimmt. Ergebnisse über 90 Prozent sind mit diesem Verfahren leicht zu erreichen. Und noch leichter kann man sie weltweit veröffentlichen.

Castro ist ein Überzeugungstäter. Er glaubt an den Sozialismus. Auch jetzt, nach der Ära Sowjetunion. Ihm kann es nicht mehr um persönliche Bereicherung gehen; er und seine Familie haben finanziell schon lange ausgesorgt. Dabei hat er die Hoffnung auf den weltweiten Sieg der Ideen von Marx und Lenin längst aufgegeben. Er weiß, daß er ein Auslaufmodell ist. Auch wenn er alles dafür tut, die Welt vom Gegenteil zu überzeugen.

Was passiert nach Castro auf Kuba? Die alte Gretchenfrage. Schon lange sitzen Exilkubaner in Miami und in Spanien in den Startlöchern, wollen endlich wieder zurück in ihre Heimat, organisieren Verbindungen und sogar Parteien. Meist handelt es sich dabei um Leute, Gruppen, Konzerne, die nach der Revolution enteignet worden sind. Die nichts anderes im Sinn haben, als wieder an Grund und Boden, an Macht und Einfluß zu kommen. Ehemalige Großgrundbesitzer, ehemalige Spielbankchefs, ehemalige Zuckerbarone und ehemalige Tabakkonzerne. Sie werden versuchen, nach Castros Ableben wieder Fuß auf der Insel zu fassen, wie und auf welchem Weg auch immer. Ein Machtkampf steht an. Hoffentlich einer ohne Waffen.

Castros Bruder Raúl, der designierte Nachfolger, ist auch nicht mehr der Jüngste. Und er gilt auch nicht gerade als entschlossen und aktiv. Was früher anders war. »Che Guevara ist das Hirn der Revolution, Fidel Castro die Seele und Raúl Castro die Faust.« Wie entschlossen diese Faust im Zweifelsfall noch zuschlagen kann, bleibt abzuwarten.

So bleibt die politische Zukunft Kubas ein großes Fragezeichen. Tatsache aber ist, daß Micky Maus schon seit langem wieder auf die Insel zurückgekehrt ist, trotz Embargo. Es gibt weltweit Gesellschaften, die auf Kuba investieren, es gibt Tabak- und Rumkonzerne, die rund um den Globus aktiv geworden sind. Und es gibt Burghis. Burghis ist eine in kubanischen Großstädten wie Havanna, Holguin oder Santiago de Cuba vertretene Schnellimbißkette. Bei Burghis gibt es, natürlich gegen Dollars, Hamburger, also Burghis, vertrocknete Hühnerflügel und Pommes frites. Daß es bei Burghis ähnlich wie bei McDonald's schmeckt, ist sicher mehr als nur ein dummer Zufall. Ebenso wie die Tatsache, daß es inzwischen die originale Coca-Cola auf der Insel zu kaufen gibt, wenngleich bislang nur in Touristenhotels. Sie kommt über Mexiko nach Kuba.

Fidels Konzept zur Erwirtschaftung von Devisen ist leicht zu durchschauen. Große Konzerne dürfen in Sachen Tourismus auf Kuba Fuß fassen. Fidel vermietet dann gegen *dolares* seine Landsleute an den entsprechenden Konzern, zahlt seine eigenen Leute aber in *pesos* wieder aus und kassiert die Devisen, so daß die kubanischen Angestellten sich frustriert nach Trinkgeldquellen umsehen müssen.

Damit es nicht ganz so schlimm wird, ist die kubanische Regierung inzwischen dazu übergegangen, einen Teil der Gehälter in Dollar zu zahlen. Einen verschwindend geringen Teil zwar, prozentual gesehen, aber immerhin.

Castros Ambitionen dürfen nicht als Marotten abgetan werden. Die kubanische Wirtschaft liegt seit dem Zusammenbruch der Sowjetunion am Boden; jeder Versuch, eine Verbesserung der Lage zu erreichen, ist erlaubt.

Tatsache ist, daß es viele Kubaner in ihrer Heimat nicht mehr aushalten und versuchen, die Insel zu verlassen. Wenn es sein muß mit einer *balsa*, einem selbstgebastelten kleinen Boot, oder mit einem Autoreifen als Schwimmhilfe. Wir kennen viele tragische Geschichten von *balseros*, die es nicht geschafft haben, die auf dem Weg nach Miami ertrunken sind oder von Haien attackiert wurden.

Es gibt auch einen offiziellen Weg. Jedes Jahr stellt die amerikanische Regierung ein gewisses Kontingent von Visa für Kubaner bereit, die in einer Art Verlosung unters Volk gebracht werden. Man braucht also erstens Lotterieglück, zweitens einen langen Atem. Unmittelbar nachdem der Ausreiseantrag gestellt worden ist, kommt ein Staatsbeamter und macht eine Haushalts-Bestandsaufnahme. Jeder Teller, jede Matratze wird registriert, damit nichts verkauft oder auf die Seite geschafft wird. Das Volkseigentum muß nämlich im Land bleiben. Natürlich ist dieses Verfahren bekannt, so daß der Haushalt schon lange vor der

Einreichung des Ausreiseantrags verscherbelt wird und die ausreisewillige Familie lange Zeit in einem so gut wie leergeräumten Raum haust.

Wer ausreisen will, muß mit unzähligen hohen Gebühren rechnen, zahlbar natürlich mit US-Dollars. Ohne die finanzkräftige Unterstützung von Freunden und Verwandten aus dem Ausland ist eine Ausreise also so gut wie unmöglich.

Der zweite offizielle Weg ist die Heirat mit einem Ausländer oder einer Ausländerin. Und der dritte, zunächst offizielle und dann nicht mehr ganz so offizielle, ist, nach einer Auslandsreise nicht mehr nach Hause zurückzukehren und in seinem Gastland einen Asylantrag zu stellen. Doch wer ins Ausland reisen will, muß ein langwieriges Prüfungsverfahren über sich ergehen lassen, bis er seinen Paß und seine *carta blanca*, die Ausreisegenehmigung, bekommt. Viele Behörden müssen zustimmen, bis es soweit ist, und viele *dolares* fließen in Fidels Kassen. Ganze Familien dürfen so gut wie nie ausreisen. Wer es dann über alle Hürden hinweg geschafft hat, darf auf keinen Fall vergessen, seine *libreta* abstempeln zu lassen, sein Lebensmittelkarten-Büchlein. Damit niemand anderes, auch kein Familienmitglied, sich während des eigenen Auslandaufenthaltes eine zweite Zuteilung von Brot oder Eiern erschleichen kann. Die kubanischen Behörden sind teuer und langsam, aber sehr gründlich.

Castro, der Patriarch, der Machthaber, der Revolutionsheld und Staatsmann, hat natürlich auch ein privates Gesicht. Er spuckt angeblich gern auf den Boden, flucht ordinär, ist ein leidenschaftlicher Gärtner und Angler, ein fanatischer Schwulenhasser, er liest viel, spielt oft Schach und fährt gerne mit einem Jeep übers Land. Er spricht fließend Englisch, weigert sich aber, das in der Öffentlichkeit zu tun. Und er soll einst ein Frauenheld gewesen sein. Man spricht von vielen Liebschaften und zahlreichen unehelichen Kindern. Die Öffentlichkeit kennt ihn aber nur an der Seite einer einzigen Frau: Celia Sanchez. Als sie 1980 an Krebs starb, brach für Castro eine Welt zusammen. Celia Sanchez war die einzige Person, die es wagte, dem *comandante* zu widersprechen.

Castro hat als ehemaliger Schüler eines katholischen Internats auch eine christliche Saite, die manchmal anklingt. Gleich nach der Revolution sollte die überdimensionale Christus-Figur über dem Hafen von Havanna gestürzt werden, was er persönlich verhinderte. Und als im Januar 1998 der Papst das erste Mal Kuba besuchte, zeigte sich Castro mehr als beeindruckt. Der Papstbesuch gehörte zur Krönung seiner Laufbahn, brachte ihm nicht nur internationale Anerkennung ein, sondern war ihm auch eine große persönliche Genugtuung.

Regimekritiker haben in Kuba ein hartes Leben. Jeder noch so kleine Widerstand wird im Keim erstickt, jede kleine, noch so subtil geäußerte Kritik mit härtesten Maßregelungen beantwortet. Schriftstellern nimmt man die Schreibmaschine weg; kritische Liedermacher verlieren ihr Musikinstrument. Der Entzug der beruflichen Existenzgrundlage ist auf Kuba eine gern angewandte Disziplinierungsmaßnahme. Wer sich an seinem Arbeitsplatz nicht korrekt verhält, wird für eine absehbare Zeit, seien es nun drei oder neun Monate, mit Berufsverbot belegt.

Was korrekt ist und was nicht, das bestimmt in größeren Betrieben eine eigens eingerichtete »Kommission für Sitte und Anstand«. Der junge Animateur zum Beispiel, der sich in Deutschland mit der bekannten Kabarettistin Lisa Fitz einließ und an deren heimischem Swimmingpool fotografieren ließ, wie er mit seinen Händen neckisch ihre Brüste bedeckte, machte mit dieser Kommission Bekanntschaft. Das Zeitungsfoto mit dem dazugehörigen Artikel (»Mein kubanischer Sommer-Lover«) gelangte auf rätselhaften Wegen nach Kuba – wahrscheinlich hat ein Tourist die Zeitung mitgebracht – und bescherte dem jungen Animateur und Salsa-Lehrer sechs Jahre Berufsverbot im Tourismus: eine persönliche Katastrophe, nicht nur für ihn, sondern für seine ganze Familie. Die Begründung für die hohe Strafe: Pornographie.

Ein Freund von mir ist Reiseleiter und verfügt damit über ein Scheckbuch seiner Behörde, mit dem er bezahlen kann, wenn er Gäste einlädt. Dieses Buch war eines Tages verschwunden; die Schecks wurden anderweitig eingelöst. Auch als sich herausgestellt hatte, wer der Dieb war, wurde mein Freund dennoch mit drei Monaten Berufsverbot belegt, weil er nicht sorgfältig genug auf Staatseigentum aufgepaßt hatte. Ein Drama für seine elfköpfige Familie.

Mit der Revolutionsromantik ist es also nicht unbedingt weit her auf Kuba, wenn man sich den Alltag ansieht. Aus großen Idealen wurden kleinkarierte Vorschriften. Was uns als Ausländer aber noch lange nicht das Recht gibt, als naseweise Kritiker aufzutreten. Ersparen Sie Ihren kubanischen Freunden und Bekannten und auch sich selbst peinliche Situationen. Als »Gebrauchsanweisung« gilt die Regel: Warten Sie stets, bis jemand von sich aus die Themen Politik und Castro anschneidet, bevor Sie sich selbst dazu äußern. Damit werden Sie immer gut fahren.

Hasta siempre, comandante Che Guevara

St. Clara liegt ziemlich genau in der Mitte Kubas. Der Ort ist weder besonders schön noch besonders häßlich, aber dennoch hat er etwas, das ihn seit Jahrzehnten zur Pilgerstätte werden läßt. Es ist das große Che-Monument am Ortsrand, das auf einem riesigen reliefgeschmückten Sockel thront. In diesem Sockel befindet sich ein kleines Guevara-Museum, seit kurzem auch die kleine Grabkammer, in der jetzt die Gebeine des großen Revolutionärs und seiner Gefährten ruhen. Lange waren die sterblichen Überreste der Freiheitskämpfer in Bolivien an unbekannter Stelle verscharrt gewesen; jetzt sind sie endlich gefunden und nach Kuba überführt worden. Natürlich mit dem größtmöglichen Pomp und Pathos, die zu entfalten Kuba imstande war.

Der Platz vor dem großen Monument ist weitläufig und gespenstisch. An manchen Tagen krächzt aus überforderten Lautsprechern Trauermusik; hin und wieder gibt es auch eines der zahlreichen Lieder über den großen *comandante* zu hören. Kubanische Schulkinder in Uniform und Touristen aus aller Welt in bunten Shorts flanieren hin und her, wirken alle ein bißchen hilflos. Bei den Kindern ist es der Lehrer oder die Lehrerin, der oder die für Ordnung und ein bißchen Respekt vor dem Ort sorgt; bei den Touristen bemühen sich die Reiseleiter um Andacht. Außerdem gibt es noch uniformierte Wächter, die im Zweifelsfall die Würde des Ortes zu schützen wissen. Aber meistens müssen sie gar nicht tätig werden. Denn wer hierherkommt, der bringt schon ein gewisses Bewußtsein mit.

Die neu gebaute Grabkammer ist erstaunlich klein und schlicht; die Wandtafel für den großen *comandante* unterscheidet sich kaum von den Tafeln seiner Gefährten. Nur wenige Besucher haben in dem engen Raum Platz. Hier darf nur geflüstert werden; eine Fackel brennt.

Als klar war, daß die Gebeine des in Bolivien ermordeten *comandante* nach Kuba überführt werden konnten, führte, so sehen es zumindest Regimekritiker, Castro das Werk der Unschädlichmachung seines ehemaligen Weggefährten und Mitstreiters zu Ende. Die beiden haben sich ja schon bald nach der Machtübernahme nicht mehr so recht verstanden; weswegen der Che stets mit langwierigen Auslandsreisen beschäftigt wurde. Als Guevara dann alle seine Ämter niedergelegt und sogar seine kubanische Ehren-Staatsbürgerschaft zurückgegeben hatte, wollte er die Revolution nach Bolivien exportieren. Er wurde dort gefangengenommen und auf Geheiß des CIA an Ort und Stelle erschossen. Ohne Anhörung, ohne Gerichtsverfahren. Sofort fing Castro damit an, seinen ehemaligen Freund von der politischen Bühne herunterzuholen und ihn in die Märtyrerecke zu stellen. Es wurden Mythen und Legenden gesponnen, die Männerfreundschaft der beiden beschworen, die edlen Ziele und der hohe moralische Wert von Castros Politik unterstrichen und diese durch Che Guevara legitimiert. Denn der konnte ja jetzt nicht mehr widersprechen. Als dann der Termin für die Überführung der sterblichen Überreste der Guerillas feststand, zettelte Castro eine unglaubliche Medienkampagne an, überschüttete die Zeitungsleser und die Fernsehzuschauer dermaßen mit Berichten über Che Guevara, daß fast jeder Kubaner von dem Thema zuviel bekam. »Jetzt töten sie ihn ein zweites Mal«, ließen kritische Zungen verlauten, und ganz unrecht hatten sie damit bestimmt nicht.

Heute gilt es als so gut wie bewiesen, daß sich Guevara aufgrund Castros totalitärer Machtpolitik von ihm trennte, daß er den rigorosen Parteikurs nicht mittragen konnte. »Es gibt auf Kuba nur Platz für einen Individualisten«, diktierte er einem Zeitungsreporter aus Venezuela in den Block, »und ich bin der andere.«

Die Kubaner aber lassen sich ihren Che nicht mehr nehmen. Es geht dabei jedoch kaum um Politik, sondern um uneingeschränkte Heldenverehrung. Frauen beten ihn an wie einen Filmstar oder gar einen Heiligen; Männer eifern ihm nach. Jeder Haushalt, und sei er auch noch so bescheiden, hat einen Wandteppich oder ein Plakat mit dem berühmten Che-Porträt; in jeder Apotheke, jeder Lebensmittel-Verteilerstelle und besonders in jedem Büro hängen Parolen und Bilder von ihm. Der heilige Che darf sogar von den großen Polittafeln am Straßenrand prangen. Daß ihm oft Castro-Sprüche beigegeben wurden, fällt im Taumel der allgemeinen Verehrung gar nicht mehr auf. Eine Verehrung, die im Zuge der Studentenrevolten Ende der sechziger Jahre weltweit Verbreitung fand. Che, der schöne Revolutionär mit dem sehnsüchtigen Blick und der wilden Hippie-Frisur, wurde zum Inbegriff von Revolution. Auch für junge Schwärmer, die nicht das Geringste von ihm wissen.

Die staatliche Che-Vernichtungsmaschine aber läuft auf Hochtouren. Billige Baretts mit rotem Stern werden am Straßenrand verkauft, bierbäuchige Touristen zwängen sich in T-Shirts mit dem Che-Konterfei. Che wurde zur Ikone degradiert, die auf dem Altar von Castros Politik als schmucke Dekoration leuchten darf. Seit jeher hat man tote Helden, seien es nun Künstler, Sportler oder auch Politiker, ausgehöhlt, um sie sodann mit den eigenen Projektionen ausstopfen zu können. Manchmal werden solche Projektionen auch ferngesteuert. Und niemand, so behaupten seine Gegner, ist darin so perfekt wie Castro, der der ausgestopften Ware gleichsam seinen eigenen Stempel aufdrückt.

Mit Kubanern über so etwas zu diskutieren ist aber genauso sinnlos, wie wenn Sie versuchen würden, dem Papst die heilige Jungfrau Maria ausreden zu wollen. Inzwischen hat nämlich jeder einzelne Kubaner seinen eigenen Che im Kopf. Und der besteht aus einer ganz individuellen Mischung aus Fakten, kubanischem Schulwissen und politischer Bildung, Mythen, Märchen und persönlichen Idealen. Wenn also auf Kuba von Che Guevara die Rede ist, handelt es sich dabei um eine Unzahl von verschiedenen Guevaras. Was all diese Figuren verbindet, ist jedoch die Verehrung, die man ihnen entgegenbringt, und das gilt auch für die Gegner des derzeitigen Regimes. Die gehen nämlich davon aus, daß Guevara mit dem heutigen Castro alles andere als einverstanden wäre. Und daß er wohl der einzige wäre, der dem *comandante en jefe* die Leviten lesen könnte.

Wie grenzenlos und rückhaltlos offen, ja fast schon naiv diese Verehrung vor Ort ist, sehen wir aus einer Unzahl von künstlerischen Werken. Seien es nun Gemälde oder Skulpturen, Gedichte oder Lieder. Das berühmteste dieser Lieder heißt »Hasta siempre«, was auf deutsch soviel heißt wie »Für immer« oder besser »Bis in alle Ewigkeit«. Es stammt aus der Feder des inzwischen verstorbenen Volks- und Polit-Liedermachers Carlos Puebla, der es direkt unter dem Einfluß der Nachricht vom Tod Guevaras geschrieben hat. Sein Text ist dermaßen romantisierend und kitschig, daß er sich kaum übersetzen läßt. Puebla hat in diesem Text seinem ganzen Schmerz und seiner ganzen Trauer Ausdruck verliehen, und die dazugehörige Melodie unterstreicht die Mischung aus Trauer, Melancholie und der Erhebung des Che zum unsterblichen Helden.

Der Kuba-Reisende wird dieses Lied immer und immer wieder hören. Es gehört zum Standardrepertoire jedes Straßen-, Hotel- und Strandmusikanten. Die Ausländer können gar nicht genug davon bekommen, darum kann man inzwischen das Werk auch auf CD mit nach Hause nehmen. Auch für die Kubaner ist dieses Lied ein heiliges Nationalgut. Freilich genießen sie es inzwischen in homöopathischen Dosierungen. Daß sich aber dabei mancher von ihnen verstohlen über die Augen wischt, ist heute noch zu beobachten.

Ernesto Guevara, der gebürtige Argentinier, ließ sich schon immer *Che* nennen. Was in Argentinien soviel wie »Freund« oder »Kumpel« heißt. Um die Einzigkeit dieses Menschen zu unterstreichen, spricht man in Kuba von »el Che«, *dem Che.*

Der Che war nicht nur ein Schwärmer und Kämpfer, nicht nur ein Idealist und Visionär, sondern auch ein Schöngeist. In der Schule brachte man ihm die französische Sprache bei, und er vervollständigte seine Kenntnisse so weit, daß er bestens auf französisch schreiben konnte. Er schrieb auch Gedichte und Essays, vor allem aber jede Menge Briefe, die bis heute erhalten sind. Briefe, die durch ihre Feinsinnigkeit und Wohlerzogenheit verblüffen.

Weiß man doch inzwischen von ihm, daß er einen ausgeprägten Hang zu einem brutalen Machismo besaß. Nicht nur sich selbst gegenüber, wenn er sich trotz chronischem Asthma zu sportlichen Höchstleistungen zwang. Sondern auch in einer Hinsicht, die gern verschwiegen wird. Nach dem Sieg der Revolution ließ es sich der große *comandante* nämlich nur selten nehmen, bei Hinrichtungen von »Feinden des Volkes« persönlich anwesend zu sein. Er hatte offensichtlich Spaß daran; und er konnte diesen Spaß vor sich und anderen auch moralisch legitimieren oder zumindest erklären. Auch bei ihm stand die Heilsidee über dem Wohl des einzelnen.

Doch Geschichten dieser Art sind nicht zum Weben eines Mythos-Teppichs geeignet. Sie werden deshalb gerne verschwiegen und zumindest relativiert. Viel hübscher und adretter sind all die kleinen Anekdoten um den großen Helden, die bis heute wie Heiligenbildchen behandelt und ständig nett ausgeschmückt werden.

Es geht die Sage, daß der Che etwas müde und unaufmerksam war, als es darum ging, in der Runde der Revolutionäre einen Wirtschaftsexperten ausfindig zu machen. »Wer von uns hier ist eigentlich Wirtschaftsfachmann?« soll Castro gefragt haben, worauf sich der Che gemeldet hat. Er soll zwar *communista* (Kommunist) statt *economista* (Wirtschaftsexperte) verstanden haben, doch er hat sich pflichtbewußt der neuen Aufgabe gestellt und wurde so zum Präsidenten der kubanischen Nationalbank. Er eignete sich in vielen Crash-Kursen das erforderliche Wissen an, beschäftigte Unmengen von echten Fachleuten und Privatlehrern und unterschrieb dann, zur Freude der Kubaner, die neu ausgegebenen Peso-Banknoten mit »Che«. Was damals in vielen Staaten dieser Welt als Affront und Respektlosigkeit gegenüber dem Finanz-

wesen an sich und der internationalen Staatengemein-
schaft im besonderen gewertet wurde. Heute sind
diese Banknoten beliebte Sammlerstücke. Frauen und
Kinder bieten sie auf der Straße Ausländern zum Kauf
an.

Eine andere Sage erzählt, daß sich der Che mit seiner Frau in die Haare bekam, weil die mit dem Auto
zum Einkaufen fahren wollte.»Dieses Auto ist Eigentum des Volkes, es darf nur für Staatsangelegenheiten
benutzt werden.«

Geschichten wie diese kleine Anekdote werden immer wieder dann herangezogen, wenn Castro, nach-
weislich einer der reichsten Männer dieser Welt, seinen Landsleuten neue Sparrichtlinien schmackhaft
machen will. Der Che konnte verzichten, und wir, die
wir sein wollen wie er, können das auch. Zumindest
all jene, die an seine Ideale glauben und die anständige
Kubaner sein möchten.

In diese Kerbe schlägt auch das ungemein umfang-
reiche Archiv von Fotos, auf denen Guevara bei freiwilligen Arbeitswochenenden zu sehen ist. Als nach
der Revolution kräftig in die Hände gespuckt werden
mußte, waren diese sogenannten »freiwilligen« Ar-
beitsdienste, also unbezahlte Überstunden, ein staatlich verordnetes Mittel, um Wirtschaftsdefizite auszu-
gleichen. Der Che ging fotogen mit gutem Beispiel
voran, motivierte damit viele Kubaner, ihm nachzu-
eifern. Es ist glaubhaft überliefert, daß Guevara nicht
nur ein schönes Arbeiterfotomodell abgab, sondern
tatsächlich wochenendweise Überstunden leistete und

dabei auch körperlich anstrengende Arbeiten wie bei der Zuckerrohrernte, der *zafra*, übernahm.

Das berühmteste Foto von ihm, vielleicht sogar das berühmteste Foto der Welt überhaupt, zeigt den Che aber nicht beim Arbeiten, sondern wie er mit nachdenklichem, visionärem Blick in die Zukunft sieht. Ein Fotograf namens Alberto Diaz Gutierrez, nach dem von ihm gegründeten Studio kurz Korda genannt, hat es mit einer alten Leica-Kamera gemacht und nie veröffentlicht, allerdings einen Abzug davon in sein Studio gehängt. Wo es der italienische Verleger Giangiacomo Feltrinelli entdeckte, der es zum Poster machte, das weltweit verkauft wurde und wird. Korda hat angeblich keinen einzigen Peso, geschweige denn einen Dollar dafür gesehen, ist darüber aber nicht unglücklich oder gar verbittert. »Mein Name ist nun für immer mit der Legende Che Guevara verbunden«, wird er immer wieder zitiert, »und das genügt mir.« Wir haben keinen Grund, an diesem Statement zu zweifeln. Wer die Kubaner und ihre Einstellung zum Che kennt, wird diese Haltung nicht im geringsten verwundern. Jeder kennt irgendeinen, der einen kennt, der den Che kannte. Und ist stolz darauf.

Das Poster ist weltberühmt geworden; Che Guevaras Bekanntheitsgrad hinkte in den nachfolgenden Generationen seltsamerweise immer ein wenig hinter dem seines charismatischen Abbildes her, zumindest bei jungen Anhängern. So war zwar jedem späteren Betrachter irgendwie klar, daß dieser hier so schön abgebildete Mensch irgend etwas mit Freiheit und Revo-

lution zu tun hatte, doch wer das war, mußte oft nach-
gelesen werden. Oder aber es interessierte nicht mehr
besonders im Zeitalter der Video-Clips und schnell
verbrauchten Schlagwörter.

Inzwischen hat auch die Werbung Ches Konterfei
für sich entdeckt. Und das Spektrum der kapitalisti-
schen Ausbeuter des toten Revolutionärs ist breit. Eine
Kollektion von Sportbekleidung wirbt mit dem Che
und dem Wort »*Revolucion!*«, ein Schweizer Uhrenher-
steller verkauft seine Produkte sogar mit Che-Konterfei, inzwischen sogar auf den Flughäfen von Havanna, Holguin und Varadero. Doch als die Firma
Leica, der Hersteller jenes Fotoapparats, mittels dem
einst das berühmte Bild entstanden ist, auch noch mit
Che in die Reklame-Offensive ging, fingen die Kubaner zu maulen an. Die Kampagne wurde gestoppt.

Ernesto Che Guevaras Weg vom argentinischen
Boheme-Sohn, der in seinem liberalen Elternhaus
auch mit Bettler- und Arbeiterkindern spielen durfte,
der vom Bücherwurm zum engagierten Arzt und
schließlich an Castros Seite zum revolutionären Helden wurde, der nach seinem Tod als Märtyrer und als
Symbol für edle, aber gescheiterte Träume von einer
besseren Welt herhalten mußte, dieser Weg ist in vielen schlechten bis mittelmäßigen Biographien nachge-
zeichnet worden. Zu groß war wohl für viele die Ver-
suchung, sich in die Nähe des überragende Glanzes
dieses Mannes zu stellen. Sowohl für Politagitateure
als auch für ehrgeizige Biographen. Da sich aber auf
Kuba, und nicht nur dort, jeder sein eigenes, oft dif-

fuses Bild von Guevara gemacht hat, können journalistische Schlampereien oder auch ideologisch einwandfreie »Verbesserungen« nicht mehr viel Schaden anrichten. Mag sein, daß das Bild des Che immer undeutlicher wird – seine Botschaft ist dennoch angekommen, wenngleich in einer Art von Nachruf.

Bei den zahlreichen Schriften des Che, zumindest bei jenen, die auf Kuba erschienen sind, besteht der Verdacht, daß sie ideologisch »korrigiert« wurden. Sie sind also mit Vorsicht zu genießen. Auch was im Ausland von ihm publiziert wurde, unterlag stets den Beschränkungen des ideologisch Vertretbaren.

Wer es besser wissen will, kann sich an die Biographie von Jorge G. Castañeda halten, die schlicht mit »Che Guevara« betitelt ist (Frankfurt / M.: Insel 1997). Castañeda, der als einer der besten Kenner der Zeitgeschichte Lateinamerikas gilt, hat für dieses Buch bislang geheime offizielle Dokumente auswerten können. Was aber sein Werk so einzigartig macht, ist die Tatsache, daß er jede noch so kleine Behauptung untermauert, seine Quellen genauestens nachweist, daß er außerdem mit den noch lebenden Freunden und Mitkämpfern des Che zahlreiche Interviews geführt hat, die so manchen offiziell verbreiteten Unsinn relativieren und korrigieren. Was der ewige *comandante* sicher gutheißen würde. Er war ein Wahrheitsfanatiker.

Che Guevaras Henker lebt übrigens noch. Als Guevaras kleiner Guerillatrupp in Bolivien kläglich gescheitert war, als ein paar Soldaten ihn und die Seinen in einem alten Schulhaus dingfest gemacht hatten, wußten sie nicht so recht, wie sie mit dieser Situation umgehen sollten und durften. Ein lebhafter Funkverkehr zwischen den Häschern und der Oberkommandantur entstand, bis schließlich ein Befehl des amerikanischen Geheimdienstes CIA die sofortige Hinrichtung des meistgesuchten Guerillakämpfers der Welt anordnete.

Ein kleiner Soldat – sein Name ist nicht der Erwähnung wert – bat, offenbar trunken vor Engagement für die Ideale des amerikanischen Kapitalismus, der Henker sein zu dürfen. Seine Begründung war, daß er Geburtstag habe und daß er an diesem Tag etwas für die Freiheit der Welt tun wolle und daß es sein schönstes Geschenk wäre, wenn man seinem Wunsch entspräche. Bis es aber endlich soweit war, daß man ihm seine Bitte gewährte – im Hintergrund wurde immer noch hektisch gefunkt –, bekam dieser Soldat Angst vor seiner eigenen Courage. Trotzdem wurde er schließlich beim Wort genommen. Vor lauter Angst mußte er sich maßlos betrinken, bevor er zur Tat schritt. Er lebt heute mit seiner Familie, rigoros abgeschirmt gegen Journalisten und so gut wie möglich beschützt vor eventuell militanten Che-Freunden, in einer bolivianischen Militärkaserne. Er ist schwer alkoholkrank, gilt als unheilbar, als tragischer Fall.

Als interessierter Kuba-Reisender tut man gut daran, sich ein Grundwissen über Che Guevara anzulesen. Der große und ewige *comandante* ist eines der Lieblingsthemen der Kubaner. Und sie sind dankbar für jeden Ausländer, der mehr zu bieten hat als »Was kommt nach Castro?« Und »Ist es wahr, daß 20 Pesos nur ein Dollar sind?«.

Und wer wirklich alles über Ernesto Che Guevara wissen will, die Wahrheit und nichts als die Wahrheit, die einzig wahre und die unumstößliche, der muß sich mit einem kubanischen Freund über diesen Mann unterhalten und vielleicht vorher ein paar Gläser Rum spendieren. Wobei es keine Rolle spielt, ob dieser Freund jung oder alt ist, ob er politisch interessiert ist oder nicht, ob er männlichen oder weiblichen Geschlechts ist, ob er sich geschickt auszudrücken weiß oder ob er um Worte ringen muß, in welcher Sprache auch immer. Bei einer intensiven Unterhaltung über Ernesto Che Guevara mit einem Kubaner genügt nach einiger Zeit schon der Blick in dessen Augen. Ein Blick, der Ihnen alles sagt, was Sie wissen müssen: Che lebt.

Die schönen Künste

Politik und Kunst haben in Kuba eine unheilige Allianz geschlossen. Von den Liedern über Che Guevara und seiner Darstellung im Bild habe ich gerade berichtet; vergleichbare Werke gibt es freilich weniger an der Zahl über Castro, über politisch und historisch wichtige Daten, über das Heldentum und den besseren Menschen im Sozialismus im allgemeinen.

Die Palette der kubanischen Künste ist dreigeteilt. Es gibt die vorrevolutionären, die nachrevolutionären, und die vom dekadenten Ausland beeinflußten aktuellen Mischformen. Seltsamerweise sind alle drei Arten anerkannt und geachtet, zumindest aber geduldet.

Castro ist schlau genug, um zu wissen, daß aus der Fraktion der Künstler Gefahr drohen kann. Darum verwöhnt er sie mit Privilegien. Es gibt regelrechte Künstlerdörfer, adrett gestaltete Kolonien, in denen Bildhauer zusammen mit Malern, Töpfern und Musikern wohnen und arbeiten. Mit dem Hinweis auf eine mögliche gegenseitige Befruchtung faßt das Regime so viele Künstler wie möglich in

Zentren zusammen, enthebt sie damit zwar der gröbsten wirtschaftlichen Sorgen, unterstellt sie aber andererseits auch seiner steten Kontrolle.

Die vorrevolutionäre Kunst, zumindest jene aus der Sparte Architektur, verfällt zunehmend, was anfangs gar nicht einmal für so schlimm erachtet wurde. Es handelt sich hierbei um die prachtvollen Kolonialbauten, die die gesamte Insel überzogen. Seit man erkannt hat, daß die Kolonialstädte Touristenmagneten sind, werden diese Gebäude beflissen renoviert und sogar gekonnt nach alten Plänen restauriert.

Selbst in der Hauptstadt Havanna, die auch nach dem Jahrtausendwechsel immer noch wie eine heruntergekommene alte Hure mit abbröckelnder Schminke wirkt, und deren Bauten einfallen wie Kartenhäuser, wird inzwischen auf Teufel komm raus renoviert. Im Dienst des Tourismus zuerst in den Hauptstraßen, dann nach und nach in den Hintergassen, in denen aber beim genauen Hinschauen das Dilemma sofort offensichtlich wird.

Dennoch können auch die entschlossensten Regimekritiker nicht abstreiten, daß es in Havanna vorangeht. Baumaterial und qualifizierte Arbeitskräfte sind Mangelware, um so verwunderlicher ist das Arbeits- und Renovierungstempo der letzten Jahre.

Die Prunkgebäude waren einst Symbol der verhaßten reichen Oberschicht. Darum machten sich Landwirte im Revolutionsrausch einen Spaß daraus, Schweine und Schafe durch vornehme Gebäude zu treiben, um damit ihre Respektlosigkeit gegenüber dieser Oberschicht Ausdruck zu verleihen. Später unterteilte man dann die großen Villen in viele Parzellen, um für möglichst viele Kubaner Wohnraum zu schaffen. Ein Segen für das Volk, ein Fluch für die Architektur. Nur noch wenige der einst so imposanten Gebäude sind im Original erhalten. Was insofern nicht weiter stört, als es offensichtlich gerade auch der morbide Verfall ist, den die Ausländer in Kuba suchen und schätzen.

Der Blick in die ach so malerischen Gassen der Altstadt Havannas wird auch sofort relativiert, wenn man die Chance bekommt, ein bißchen hinter die Fassaden zu schauen. Viele Familien wohnen auf engstem Raum zusammen, der Lärm und die Hitze werden unerträglich, pro Etage gibt es oft nur eine einzige und schwer erreichbare Toilette. Eine Trinkwasserleitung ist nicht selbstverständlich.

Eine Zustandsbeschreibung, die sich eigentlich auf die anderen schönen Künste übertragen läßt, sei es nun die Literatur, die Poesie, die Bildhauerei, die Malerei, die Töpferei, das Theater, der Bühnentanz oder der Film: es ist eng, hitzig und stickig auf Kuba. Was an Frischluft zugeführt und was an überlebensnotwendigen Elixieren wie Trinkwasser gewährt wird, das bestimmt das Regime. Immer noch schwebt über den Künstlern und Intellektuellen das Damoklesschwert, das Castro 1962 als Parole ausgegeben hat: »Innerhalb der Revolution alles; außerhalb der Revolution nichts.«

Um so erstaunlicher, daß dennoch Meisterwerke

entstehen konnten, auf allen künstlerischen Ebenen. Nein, ich spreche jetzt bestimmt nicht von den zahlreichen und schrecklichen Platten- und Zweckbauten im DDR-Stil, auch nicht von den von hündischer Unterwerfung geprägten Werken gewisser Maler oder Bildhauer, sondern zum Beispiel von kritisch-pfiffigen Kinofilmen wie *Guantanamera* oder *Vampiros in Havana*. Filme, die Weltruhm erlangt haben, und das nicht zu Unrecht. Mit Augenzwinkern werden hier Kuba und der Kubaner aufs Korn genommen; in *Guantanamera* sogar der überfleißige und strebsame Parteihengst, der vor lauter Pflichtbewußtsein sein persönliches Lebensglück gefährdet und sich selbst zur Karikatur werden läßt.

Im Latino-Macho-Staat Kuba darf die Filmkunst sogar so weit gehen, daß Verständnis für homosexuelle Resistenten geweckt wird. In dem international preisgekrönten Film *Erdbeer und Schokolade* kämpfen ein systemkritischer Schwuler und sein als Parteispitzel abgestellter heterosexueller Freund um eine gemeinsame Basis. Was erst einmal dazu geführt hat, daß kein Kubaner sich mehr traute, in einem Café Erdbeeren mit Schokoladeneis zu bestellen. Im nachhinein aber hat die Mehrzahl der Kubaner die Botschaft dieses Films verstanden, wenn auch mit einiger Verzögerung.

Vampiros in Havana ist ein Zeichentrickfilm. Nach einer Unzahl von Anspielungen auf politische Widrigkeiten zeichnet sich eine logische Handlung ab: Deutsche Vampire wollen auf Kuba Fuß fassen, ein Jungvampir wird mittels einer Meisterdroge gegen das ansonsten für Vampire tödliche Tageslicht immun gemacht. Die Schlüsselszene wird ein Europäer allerdings nicht in ihrer vollen Bedeutung begreifen. Ein Krankenhauspatient wird, ohne daß er es weiß, von einer Gruppe von Vampiren, die sich eine Etage unter ihm befinden, immer wieder mittels einer Infusionsleitung angezapft. Der Patient bemerkt, daß irgend etwas nicht stimmt, daß die Infusion in die falsche Richtung geht, daß ihm das Blut abgezapft wird und daß er Hilfe braucht. Er schreit nach der Krankenschwester: »*Enfermera!*« Ein Running Gag, der sich durch den gesamten Film zieht. Bis heute imitieren die Kubaner diesen Patienten, wenn sie von etwas reden, was der Vernunft widerspricht, wenn sie mit neuen Verordnungen ihrer Regierung konfrontiert werden. Sie halten ihren steif ausgestreckten Arm wie zur Blutabnahme in die Luft und rufen gequält:

»*Enfermera!*«, Schwester hilf mir! Was soll das, was geht hier vor?

Auch Sie als Kuba-Reisender dürfen diesen Gag verwenden. Er ist weder staatlich verboten noch heilig. Sie werden mit dem theatralischen Ruf nach der *enfermera* immer die Lacher auf Ihrer Seite haben.

Der Film ist eine der wichtigsten Säulen der kubanischen Kultur. Kämpferische sozialistische Propagandastreifen stehen in direkter Konkurrenz mit hervorragend gemachten Dokumentarfilmen, die ganz Lateinamerika beeinflußt haben. Seit Ende der siebziger Jahre hat der neue lateinamerikanische Film auf Kuba sein eigenes Festival; der seitdem jährlich verliehene Coral-Preis gilt als der Oscar der lateinamerikanischen Welt.

Auch auf dem Gebiet der Malerei hat Kuba bedeutende Werke vorzuweisen. Künstler wie Lam, Carlos Henríquez, Ponce, Romanch, Mariano, Portocarrero, Carbera, Antonia Eiriz und viele andere genießen internationales Ansehen. Viele ihrer Werke sind in den Museen Kubas ausgestellt.

Natürlich wird der Reisende aber in erster Linie all die Flohmarktpinsler zu Gesicht bekommen, die anscheinend nichts Besseres zu tun haben, als Strände, Palmen, alte Autos und junge Mulattinnen mit lasziven Blick auf der Leinwand festzuhalten. Maler, die den Geschmack des Durchschnittstouristen bedienen wollen und die damit auch einigermaßen über die Runden kommen. Und das, obwohl die Zahl der Kitschmaler in den letzten Jahren explosionsartig gestiegen ist.

So unglaublich es klingen mag: Es sind regelrechte Genies unter den Flohmarktpinslern, man muß nur genau hinschauen und darf sich auf keinen Fall durch das Überangebot irritieren lassen. Und auch nicht durch den naiven Stil. Denn gerade er hat auf Kuba Tradition. So verbindet der international anerkannte Manuel Mendive sogenannte primitive Kunstformen mit afrokubanischem Symbolismus. Und viele seiner Möchtegernkollegen eifern ihm nach.

Symbolismus und Abstraktion sind beliebte Stilmittel in Castros Arbeiterparadies. Denn es dauert ziemlich lange, bis eine staatlicher Kontrollbeamter gelernt hat, was dabei als richtig oder falsch, systemkonform oder kontrarevolutionär zu werten ist.

Auf dem Gebiet der Literatur ist dies einfacher zu kontrollieren, was vielen Schriftstellern das Leben unerträglich machte und sie zur Auswanderung zwang. Dennoch konnten Autoren wie Enrique Serba, Servero Sarduy, Heberto Padilla und Onelio Jorge Cardoso immerhin im lateinamerikanischen Raum brillieren.

Padilla mußte schmerzhaft erfahren, was es heißt, sich gegen Castro zu stellen. Seine Gedichtsammlung *Außerhalb des Spiels*, die sich kritisch mit den Revolutionsmythen befaßt, wurde 1968 zwar mit dem Literaturpreis des kubanischen Künstler- und Schriftstellerverbandes ausgezeichnet, gleichzeitig aber von oben gerügt. Padilla wurde dann 1971 wegen konterrevolutionärer Tätigkeit verhaftet, mußte öffentlich »Selbstkritik« üben. Die darauf folgenden internationalen Proteste halfen ihm wenig. Abweichlerische Autoren haben auf Kuba nicht mehr die geringste Chance.

Wer das heutige Kuba verstehen will, der liest Werke von Jesús Díaz, Lisandro Otero, César López oder Fernando Villaverde. Sie haben Wege gefunden, sich mit ihrer Formulierkunst an Castro vorbeizumanövrieren. Was uns Europäern das Lesen nicht gerade erleichtert. Diffizile Redewendungen und eine ausgefeilte Wortakrobatik, dazu hintersinnige Anspielungen, die eigentlich nur ein Kubaner verstehen kann, erschweren die Lektüre ungemein.

Im Bereich des Theaters sind die Grenzen durchlässiger. Schließlich kann man sich an Klassikern orientieren, sich im Zweifelsfall auch auf sie berufen. Mißverständnisse, die aufgrund eigenwilliger Inszenierungen entstanden sein mögen, lassen sich mit Beziehungen ausräumen.

Nicht alles, was nach Kunst riecht, ist auch Kunst. Denn die Bewohner der Künstlerdörfer werden mit dem Hinweis auf ihre Privilegien oft auch dazu angehalten, Kunsthandwerk zu betreiben, einmal bekanntgemachte Kunstwerke bis zum Erbrechen zu reproduzieren. Manche müssen gar kitschige Wandteller fertigen, auf denen Palmen und Strände zu bewundern sind und auf denen in einem malerischen Schriftzug »Willkommen in Cuba« steht.

Ein Gebrauchsanweisungstip für alle Kunst- oder Kitschfreunde: Skulpturen oder Bilder sollten Sie zu Ihrem eigenen Wohl unbedingt in Läden oder bei Händlern mit staatlicher Konzession erwerben. Sie erkennen dies an einem im Schaufenster klebenden Dokument; außerdem an der Tatsache, daß Sie nicht handeln können. Staatspreise sind Fixpreise. Nur in staatlichen Läden erhalten Sie das Dokument und den Stempel, die Sie zur Ausfuhr von Kunstwerken aus Kuba berechtigen. Und sei das Schnäppchen auf dem Flohmarkt noch so attraktiv – kaufen Sie nichts ohne diese Ausfuhrpapiere. Zollbeamte wissen nämlich in der Regel nicht, was Kunst oder Krempel ist. Sie werden Sie einem gnadenlosen und zeitraubenden Befragungsritual unterziehen, wenn Sie mit einem vermeintlichen Kunstwerk ausreisen wollen. Ich habe schon des öfteren hilflos mit ansehen müssen, wie weinende Touristen darum bettelten, endlich zum Flugzeug durchgelassen zu werden. Auch um den Preis, das teuer erstandene Bild oder die mühsam erhandelte Skulptur zurückzulassen. Ein Angebot, das nie auf positive Resonanz gestoßen ist. Der kubanische Zöllner hat seine Vorschriften. Wenn Sie und Ihr Kunstwerk Ihr Flugzeug verpassen, so haben einzig und allein Sie ein Problem, nicht er. Er hat nur seine Pflicht getan.

Doch zurück zu unserem eigentlichen Gegenstand. Kuba ist im Lauf seiner Geschichte mit Künstlern aus aller Welt verwöhnt worden. Die Karibikinsel ist ein Treffpunkt für Kulturschaffende, organisiert zahlreiche Festivals, bei denen die staatlichen Reglementierungen oft nur am Rande oder so gut wie überhaupt nicht zum Tragen kommen. Und trotz aller staatlichen Verordnungen haben die Kubaner die schönste, die wohlklingendste, die international anerkannteste und überhaupt die beste Musik der Welt entwickeln können. Das Thema Musik ist, was Kuba betrifft, so bedeutend, daß ich ihm ein eigenes und umfangreiches Kapitel widme.

¡Viva la música!

Gleich zu Beginn eine bittere Wahrheit für alle Kuba-Romantiker: Die Kubaner haben die Musik weder »im Blut« noch in den Genen, und sie saugen sie auch nicht »mit der Muttermilch« ein. Kubaner werden lediglich in einem weit ausgiebigeren Maß mit dem Thema Musik konfrontiert als zum Beispiel Europäer. In der Schule, im Alltag, in den Medien, in der Familie und im Freundeskreis. Musik ist immer dabei; ohne Musik geht gar nichts. Das ist alles. Und daß die ständige Präsenz von Musik Auswirkungen auf die Lebensführung hat, liegt auf der Hand.

Wenn wir im folgenden von kubanischer Musik sprechen, so möchte ich unter diesem Begriff die populäre Musik verstanden wissen. Auf dem Gebiet der Klassik werden in Kuba zwar ebenfalls Höchstleistungen vollbracht, doch deren Bedeutung beschränkt sich auf Lateinamerika, ist für uns nicht sicht-, geschweige denn hörbar. Was keinen Klassikliebhaber davon abhalten sollte, in Metropolen wie Havanna oder Santiago de Cuba ein Konzert zu besuchen. Der ganz spezielle kubanische Unterton wird selbst in einer Beethoven-Inszenierung zu hören sein.

Als Touristen bekommen wir in Kuba von den zahlreichen Strand- und Hotel-Bands ein musikalisches Grundprogramm eingebleut: »Guantanamera«, das wohl bekannteste Lied der Zuckerinsel, »Chan Chan«, wieder erstarkt durch Compay Segundos Comeback im Buena Vista Social Club, und natürlich »Hasta siempre, Comandante Che Guevara«, die bereits erwähnte Hymne auf den großen Befreier aus Argentinien. Diese drei Kompositionen, die immer wieder mehr oder minder gekonnt interpretiert werden, gelten als heimliche Nationalhymnen Kubas und strapazieren infolge der ständigen Wiederholungen wohl ab und an nicht nur die Nerven der Zuhörer, sondern auch die der Musikanten. Man merkt es daran, daß letztere gerade bei diesen Titeln dazu neigen, das Tempo zu steigern, um die lästige Pflicht so schnell wie möglich hinter sich zu bringen. Der Erfolg ist ihnen dennoch gewiß, gerade bei »Hasta siempre«. Kitzelt doch diese Komposition in jedem von uns den kleinen Revolutionär heraus, der er eigentlich gern geworden wäre.

Die kubanische Musik ist längst Volksgut im deutschsprachigen Raum, ohne daß man weiß, daß es sich bei diesem Volksgut um eine Adaption von der Karibikinsel handelt. Wenn Hans Albers »La Paloma« schmachtet, denkt kein Mensch daran, daß dieses Lied eigentlich aus Kuba kommt. Und wenn »Guantanamera« auf den musikalischen Telefonwarteschleifen der örtlichen Kreissparkasse ertönt, freilich in einer schrecklichen Computer-Piepston-Fassung, so denkt man dabei ebenfalls kaum jemand an Fidel oder an den Che.

Die ganz große Kuba-Welle in Sachen Musik bescherte uns aber im Jahr 1999 ein junger Mann aus München, Lou Bega. Und bis heute wissen die wenigsten, daß das Original des weltweiten Hits und sogar für einen Grammy nominierten Disco-Songs »Mambo No. 5« aus Kuba kommt. Die Urfassung stammt aus den fünfziger Jahren, entsprang der Feder von Perez Prado, ist ein *instrumental* und wurde von Lou Bega und den Seinen mit einen Trivialtext und Technoeffekten weiterverarbeitet. Der weltweite Siegeszug dieses Hits hinterließ allerdings ausgerechnet in Kuba am wenigsten Spuren. Und wenn doch, dann nicht unbedingt die besten. Ich kenne etliche Kubaner, die Lou Begas Neufassung von »Mambo No. 5« als persönlichen Affront betrachten.

Dabei hatte er es so gut gemeint. In seinen Sturm-und-Drang-Jahren hatte es den Musiker nach Miami verschlagen, nach Little Havanna, in das von Exil-Kubanern bewohnte Viertel. Dort ist er mit der Musik der Karibikinsel vertraut gemacht worden, hat Geschmack daran gefunden.

»Ich war noch nie in Kuba«, erzählte mir Lou Bega während eines Zeitungsinterviews, das ich mit ihm führte, »aber ich möchte unbedingt mal hin. Allein, was ich in Little Havanna an Menschlichkeit und Herzenswärme erlebt habe, macht mir Appetit darauf. Außerdem finde ich es wunderschön, wie auf dieser kleinen Insel so viele verschiedene Rassen so friedlich miteinander auskommen können.« Der Sohn einer Sizilianerin und eines Schwarzafrikaners hatte im bayerischen München sicher das eine oder andere Mal unter seiner dunklen Haut zu leiden. Und: »Das sonnige Gemüt der Kubaner ist einfach ansteckend. Sie lachen auch angesichts der größten Schwierigkeiten. Das bewundere ich. Auch ich bin ein Sonnenkind.«

Die Kuba-Puristen sprechen diesem Disco-Heini jedwede Qualifikation in Sachen kubanischer Musik ab, können mit ihm nicht das geringste anfangen, obwohl sie seine Ansichten beziehungsweise seine Vorurteile über Kuba teilen. Sie ziehen die sympathischen alten Herren aus dem Buena Vista Social Club vor, pflegen ihre Klischees, auch ihre musikalischen, auf nostalgische Art.

Sie mögen auch Roberto Blanco nicht, den deutsch-assimilierten Vorzeigeneger und Schlagerclown. Denn sie haben den Filmbericht darüber nicht gesehen, wie Blanco, der Exil-Kubaner, wieder einmal nach Hause auf die Insel kam und sich dort einen Herzenswunsch erfüllte. Er trat in dem weltberühmten Tropicana auf, einem Musikclub der internationalen Spitzenklasse, und verblüffte mit einem muskalisch und tänzerisch herausragenden Auftritt, der einem den Atem verschlug.

Das Tropicana in Havanna – es gibt seit längerem auch schon einen Ableger in Santiago de Cuba – ist überhaupt eine der besten Adressen, wenn man etwas über kubanische Musik erfahren will. Das Unternehmen ist zwar schon lange zu einer überteuerten Touristenattraktion verkommen – der Eintritt pro Person inzwischen bei 70 Dollar, Tendenz weiter steigend –, doch das liebevoll konzipierte Programm hat dennoch großen Informationswert. Fast chronologisch wird die Geschichte der kubanischen Musik erzählt: der Weg von den Trommeln der Indianer bis zu denen der Negersklaven, die Verbindungen von spanischen und amerikanischen Gitarren, das Konglomerat aus Rhythmen und Gefühlen, die ständige Weiterentwicklung und Fusion. Viele Tropicana-Besucher aber lassen sich von dem Anblick all der verführerischen Tänzerinnen ablenken. Was sie nicht wissen: Die vermeintlich nackte Haut ist, so will es die Kommission für Sitte und Anstand, mit einem engen hautfarbenen Kostüm bedeckt.

Die kubanische Musik setzt sich aus vielen Elementen zusammen. Außer Tänzen wie Rumba, Cha-Cha-Cha, Mambo, Bolero und vielen anderen spielt die Trova dabei eine wichtige Rolle – die einfachen Lieder vom Land, die Geschichten erzählen und in dieser Funktion noch heute eine große Bedeutung haben. Es gibt viele Verschachtelungen, Verzweigungen, Spielarten und Fusionen, dazu noch zahlreiche Vermischungen mit ausländischen Musikstilen, die, sofern sie das richtige Tempo haben, gern Salsa genannt werden. Der Begriff Salsa, was auf deutsch soviel heißt wie »Soße« und als Synonym für Mischung gebraucht wird, kommt übrigens aus dem Ausland, ist keine kubanische Erfindung. Lange hat man sich in Kuba gewehrt, diesen Begriff anzunehmen, denn die kubanische Musik hieß und heißt stets in ihrer Gesamtheit *son*. Daß der *son cubano* sich sektionsweise nun aber selbst mit dem Begriff Salsa schmückt, ist mehr oder weniger ein Nachgeben gegenüber der feindlichen Übermacht, die es endlich geschafft hat, diesen Begriff auch auf Kuba zu etablieren.

Der Son kommt, als eigener Musikstil, aus der kubanischen Provinz Oriente. Wann sein Siegeszug genau begann, weiß man nicht mehr so genau, wahrscheinlich in der zweiten Hälfte des achtzehnten Jahrhunderts. Es handelt sich um einen afrikanischen Wechselgesang zwischen Vorsänger und Chor mit wiederkehrenden Refrains. Wenn man sich darauf einläßt, hat der alte Son, dessen Stücke sich endlos in die Länge ziehen können, eine fast hypnotische Wirkung.

In den meisten kubanischen Liedtexten geht es um die Liebe. Nur selten leistet man sich kleine Anspielungen auf politische Begebenheiten. Die systemtreuen Politbarden bilden eine eigene Kaste auf Kuba, spielen in der Volksmusik – mit einigen Ausnahmen – keine sehr große Rolle. Oft werden die Sänger auch verachtet, weil sie sich dem System anbiedern.

Was man sich als Gesellschaftskritik nicht zu äußern traut, findet dann oft in Texten mit eindeutig sexuellen Anspielungen ein Ventil. Im jüngsten Salsa-Zweig *timba*, in dem fast nur noch gerapt wird, und das in einer atemberaubenden Geschwindigkeit, überschlagen sich die Schlüpfrigkeiten geradezu. Die Salsa-Band La Charanga Habanera überspannte vor ein paar Jahren im Beisein des *Máximo líder* den Bogen und bekam wegen »kräftiger Beckenstöße« und eindeutig zweideutiger Texte über mehrere Monate Berufsverbot. David Calzado, der Chef der Truppe, mußte sich sogar öffentlich im Fernsehen für seine Schandtaten entschuldigen.

Was nichts daran ändert, daß kubanische Salsa purer Sex ist, was nirgendwo deutlicher wird als beim Karneval in Santiago de Cuba, der jedes Jahr im Sommer stattfindet und ein Magnet für Touristen und Einheimische ist. Jürgen Schaefer schrieb darüber im Magazin *Stern*: »Undenkbar, daß auch nur ein Mensch nicht tanzen könnte in dieser Hitze im Karneval in Santiago, in derselben Nacht, einer kohlschwarzen Neumond-Nacht, mittendrin im Gedränge, im Karnevalszug der Paso Franco, schon nach wenigen Minuten sind wir taub, aber glücklich. Zehn Mann hämmern den Rhythmus mit Metallstäben gegen Radfelgen, zehn weitere trommeln in aberwitzigem Tempo die Bongos, die Hände flattern flink wie Kolibriflügel über den Ziegenfellen, unmöglich, die Schläge zu zählen. Eine Meute aus drei-, viertausend Santiagueros folgt dem Zug durch die Gassen der Altstadt, angelockt vom schnarrenden Rattenfängergesang der Trompeta China, ›es wird regnen!‹ singen sie, würde es doch nur, die Kleider kleben wie Heftpflaster auf der Haut. Der Grundschritt ist synkopisch, aber simpel, *un, dos, tres, cuatro*, ein gemächliches Schreiten hinter dem Zug drein. Unfaßbar dagegen der Hüftschwung, als hätten Kubanerinnen ein Kugelgelenk, wo andere der Hexenschuß sticht. Schnell wie Zitteraale vibrieren ihre Becken, Elektrizität erzeugend, ›ay, ay, ay‹, schreien sich die Männer ihre Geilheit aus dem Leib, was die Frauen nur noch mehr anfeuert, bis eine die Augen nach innen rollt, bis nur noch das Weiße zu sehen ist, und in sich zusammensinkt und weggetragen wird. So geht das ohne Ende bis zum frühen Morgen und dann noch eine Weile weiter . . .«

Doch das Triebhafte ist nicht alles. Kubanische Musiker haben eine sehr hohes Niveau. Was daran liegt, daß jeder, der sein Geld mit Musik verdienen möchte, zahlreiche Kurse und Prüfungen absolvieren muß, bevor er auch nur einen einzigen öffentlichen oder gar bezahlten Ton von sich geben darf. Und sei es auch nur am Hotelstrand. Während sich im Rest der Welt jeder pubertierende Jüngling mit Elektrogitarre und Verstärker Musiker nennen darf, ist der Beruf des Musikers auf Kuba ein Lehrberuf. Noch dazu einer, der sehr ernst genommen wird. Und wer eine Gruppe gründen will, eine richtige Band, der muß noch etliche Prüfungen mehr ablegen, bevor er aktiv werden kann. Der Bandleader, wie man auf neudeutsch so schön sagt, heißt in Kuba *director*.

Der berufliche Alltag gestaltet sich für kubanische Musiker oft recht schwierig. Die Instrumente sind in der Regel Museumsstücke, müssen immer wieder notdürftig repariert werden. Gitarrensaiten sind schwer zu bekommen, Ersatzteile für defekte Verstärkeranlagen noch schwerer. Wobei die Verdienstmöglichkeiten selbst für Stars mehr als bescheiden sind.

Eine der besten Arbeiten über kubanische Musik

kommt von der Französin Maya Roy und trägt in der deutschen Übersetzung den Titel »Buena Vista. Die Musik Kubas« (Heidelberg: Palmyra Verlag 2000). Der Interessent wird hier zwar mit trockenem Lese- und Lernstoff konfrontiert, kann aber von dessen Vollständigkeit und Richtigkeit ausgehen.

Für uns als Ausländer aber genügt erst einmal als Basiswissen, daß die Trommeln und die anderen Schlagwerke aus Afrika auf die Insel kamen, die Saiteninstrumente, wie etwa die Gitarren aus Spanien, klassische Einflüsse aus Frankreich. Niemand wird von Ihnen erwarten, daß Sie all die Stile und Fusionen zu definieren wissen. Es ist keine Schande nachzufragen, ganz im Gegenteil. Die Kubaner erfüllt es mit Stolz, wenn sich jemand für ihre Musik interessiert, wenn sie anderen etwas darüber erklären können.

Abgesehen davon würde ich jedem raten, sich erst einmal rein akustisch mit Kubas Musik zu beschäftigen. Man muß ja nicht überall gleich mitreden können, man kann auch einfach nur genießen. Wer in seiner Hotelanlage nach einer Überdosis »Guantanamera«, »Chan Chan« und »Hasta siempre« Lust auf Abwechslung bekommen hat, besucht eines der zahlreichen Konzerte, die es immer und überall gibt, für die aber so gut wie keine Reklame gemacht wird. Man muß sich also informieren, wo und wann die Musik spielt. Dabei ist es völlig belanglos, wie der jeweilige Interpret oder die jeweilige Gruppe heißt. Die Namen sind nur Insidern bekannt, und sie sind alle gut und hörenswert.

Wer Salsa-Konzerte besucht, bei denen auch Kubaner anwesend sind – und nur die sind wirklich besuchenswert –, wird sich über deren Verhalten wundern. Da kann auf der Bühne noch so ein großer Star stehen, das Wichtigste ist, daß er eine schöne Tanzmusik macht. Noch bevor der erste Ton erklingt, ist die Tanzfläche voll. Eine Anlaufphase gibt es nicht, man zappelt von null auf hundert in drei Sekunden. Und wenn die Tanzfläche überfüllt ist, was sehr oft passiert, dann wird überall getanzt, wo sich ein bißchen Raum dafür anbietet. Zwischen den Tischen, in den Gängen, auf dem Weg zur Toilette, ja wenn es sein muß, selbst auf der Toilette.

Eine der beliebtesten Mythen in Sachen Musik basiert aber nicht auf Salsa und Tanz, sondern auf einer Verbindung von Nostalgie und Sympathie. Genau in diese Kerbe schlug der amerikanische Gitarrist Ry Cooder, Jahrgang 1947, Rock-Liebhabern bestens vertraut. An der Slide-Gitarre erwarb er sich in Captain Beefheart's Magic Band erste Lorbeeren, brillierte später an der Seite von Superstars wie Eric Clapton, Randy Newman und vielen anderen. Als passionierter Sammler von Beispielen verschütteter musikalischer Traditionen beschäftigte er sich mit Country und Folk, hawaiianischer Musik, Gospels, Ragtime und Calypso. Mitte der neunziger Jahre reiste er nach Havanna, um dort mit einer Gruppe aus Afrika Studioaufnahmen zu machen. Der Zufall wollte es, daß diese Band nicht rechtzeitig zu den Aufnahmen erschien. Sie war aufgrund von Visa-Problemen in Paris hängengeblieben.

Ein Zufall, der weltweit Konsequenzen haben sollte. Denn um das Studio, das bereits gebucht war und daher auch bezahlt werden mußte, nicht leerstehen zu lassen, ließ sich Cooder von einem kubanischen Mitarbeiter ein paar Musiker vermitteln, die wohl in der Kategorie Altstars anzusiedeln sind. Manche von ihnen waren immer noch aktiv und relativ bekannt, andere drohten in Vergessenheit zu geraten. Wir kennen sie inzwischen alle: Compay Segundo, Rubén González, Ibrahim Ferrer, Omara Portuondo und Eliades Ochoa. Es entstand die Platte vom Buena Vista Social Club, später der dazugehörige und gleichnamige Film von Wim Wenders. Film und Platte haben eine weltweite Kuba-Welle ausgelöst.

Der Buena Vista Social Club (den man »ßoßial clubb« ausspricht) existiert nicht mehr. Dieser Club war ein Musiklokal in Havanna, in dem vor langer Zeit viele Größen ihre Karriere starteten oder vorantrieben. Es ist auch gar nicht mehr genau auszumachen, wo dieser Club einst stand. Wir sehen in Wim Wenders' Film, wie Compay Segundo versucht, das Haus zu finden und wie er Passanten danach fragt. Aber auch die Leute auf der Straße haben nur eine ungefähre Ahnung davon, was in diesem Club einst vonstatten ging und in welchem Gebäude er sich einst befunden hat. War es das Haus da vorne links, oder ist es inzwischen schon lange abgerissen?

Wie auch immer, »Buena Vista« ist zum Begriff geworden. Zum Begriff für Kuba-Nostalgie nach Noten.

Wim Wenders weiß noch genau, wie er zu diesem Projekt gekommen ist: »Ry Cooder gab mir eine Kassette ohne viele Worte, wie das so seine Art ist. Ich mochte diese Musik, seit ich sie das erste Mal gehört hatte, ungemischt, unfertig, lange bevor sie als CD herausgekommen war.« Doch die Musik allein war es nicht, was den Filmemacher so faszinierte: »Auch was mir Ry von Havanna erzählte, ließ mir keine Ruhe. Oder vielmehr: wie er von Havanna erzählte. Diese Begeisterung in seinen Augen, wenn er in Gedanken wieder dort war.«

Es liegt also auf der Hand, daß die Begeisterung für die kubanische Musik direkt mit der Umgebung in Zusammenhang steht, in der diese Musik gemacht wird. Begeisterung für kubanische Musik und für Kuba schlechthin – davon werden alle gepackt, denen das Ferienhotel nicht genug ist und die auf eigene Faust losziehen. Das Blitzen und das Leuchten in den Augen des Erzählenden, das hemmungslose Schwärmen, der Funke, der überspringt, der einen nicht mehr losläßt. Kuba-Schwärmer müssen jedem Außenstehenden wie neu Getaufte erscheinen, wie Anhänger einer ganz speziellen Sekte. Sie haben die Erleuchtung erlebt, und das versuchen sie auch so oft wie möglich in Gesprächen weiterzugeben. Welchen Anteil die Musik an der Entstehung dieser Begeisterung hat, kann nur individuell ausgemacht werden. Da Musik aber auf Kuba allgegenwärtig ist, ist sie zumindest der Soundtrack für eine unvergeßliche Reise.

Daß sich der Wenders-Film fast ausschließlich mit

Musik befaßt, mit jener aus alten Tagen noch dazu, hat ihm natürlich harsche Kritik eingebracht. Wo ist in diesem Film von den harten Lebensbedingungen auf Kuba die Rede? Wie kommen die Menschen zurecht zwischen US-Embargo und real existierendem Sozialismus?

Wenders aber wollte ausschließlich einen Film über die Musik und ihre Ausführenden machen. Erzählte außerdem vom Lebensglück älterer Menschen, die im Herbst ihres Lebens noch einmal so richtig durchstarten konnten, mit Musik. Was seine Kritiker nicht wissen: Schon allein damit hat er ihnen Paroli geboten. Denn mit Musik wird auf Kuba gelacht und geweint, getrauert und gefeiert. Musik ist das Allheilmittel für alles, die Droge für jeden Anlaß.

Was Wenders die Musiker wie in einem Dokumentarfilm erzählen läßt, erscheint eher belanglos. Freilich nur auf den ersten Blick. Denn sie erzählen, wann und wo sie geboren sind, wie ihre Eltern hießen und wann und wie sie zur Musik gekommen sind. Sie reden aber auch über so existentielle Dinge wie das Dominospiel, Kubas Freizeitvergnügen Nummer eins. »Mag sein, daß du besser singst als ich, aber im Domino schlage ich dich.« Oder: »Hast du gesehen, was das für ein wunderbares Gebäude ist? Unglaublich!« Die Antwort darauf: »Die Straßen sind auch schön. Unglaublich.« In diesem Tenor geht es weiter.

Was reden die da eigentlich? Sind sie schon senil, müßten sie nicht irgendwelche Weisheiten zum Thema Kuba verkünden? Nein, sie tun es nicht. Lediglich Ibrahim Ferrer, der Nat King Cole Kubas, wie ihn Ry Cooder nennt, sagt in diesem Film einmal etwas, was ein bißchen philosophisch klingt: »Wir Kubaner sind etwas Besonderes. Würden wir nach Materiellem streben, könnten wir nicht überleben.« Wasser auf die Mühlen der Kuba-Romantiker: ein Glas Rum, eine Zigarre und schöne Musik – was braucht der Mensch mehr zum Leben?

Diese Haltung gibt es auf Kuba tatsächlich, wenn auch in der Form eines trotzigen Zweckoptimismus. Natürlich will der Kubaner auch das, was der Ausländer alles hat, will in schönen Häusern wohnen, moderne Autos fahren und gepflegt ins Restaurant gehen können. Aber da die Realität das nun einmal nicht zuläßt, erklärt man den Mangel zur Tugend. Die Durchhalteparolen der Obrigkeit machen vor, wie die Argumentationsketten schlüssig geschmiedet werden können. Und es stimmt tatsächlich: Mit Musik geht alles besser.

Daß wir im Ausland fatalerweise glauben, die kubanische Musik würde in erster Linie von älteren Menschen mit Akustikinstrumenten gespielt, hat natürlich mit Wenders' Film und der dazugehörigen Platte zu tun. Das Nostalgiegebilde Kuba hat damit ein neues Standbein bekommen, das sich sehr gut in die Reihe der bisherigen Faktoren einfügt. Alte Autos, verfallene Gebäude, prächtige Kolonialbauten, hoch lebe die Vergangenheit. Und hoch lebe auch der verfallende Sozialismus, die verfallenden Ideale, die ausgeträumten Träume von einer besseren Welt. Wie schade, daß sie nicht umsetzbar sind, aber schön wäre es schon. Auf diesem Weg gesellt sich zur Nostalgie noch eine bittersüße Melancholie, die der Kuba-Welle ihre spezielle Färbung gibt.

Doch kubanische Musik ist alles andere als nostalgisch. Die alten Lieder haben zwar einen hohen Stellenwert, bilden aber nur eine Facette im übergroßen Angebot. Die Musik auf Kuba hat sich nämlich schon immer durch ständige Weiterentwicklung, Verschmelzung, Adaption und Experimentierfreudigkeit ausgezeichnet. Stillstand ist Tod, auch und gerade in kultureller Hinsicht, das weiß niemand besser als die kubanischen Musiker.

Was den melancholischen Nostalgikern im Ausland natürlich gegen den Strich gehen muß. Schon bei fetziger Salsa (bleiben wir ruhig bei diesem nicht ganz korrekten Begriff) und bei freiem kubanischen Jazz rümpfen sie die Nase. Obwohl auch diese Musikstile schon seit langem ihre eigene Tradition haben.

Die Salsa ist inzwischen sehr rockig geworden, wird oft auch mit Rap-Passagen durchsetzt, also mit den rhythmischen Sprechgesängen der amerikanischen Schwarzen. Die Dauerbrenner der Salsa-Szene: Los Van Van, Irakere, NG La Banda, Adalberto Alvarez, Issac Delgado, Manolito Y Su Trabuco, Klimax – die stilistisch ganz unterschiedliche Schwerpunkte haben, alle jedoch darin übereinstimmen, daß sie den tanzbaren, mitreißenden Rhythmus pflegen.

Es gibt sogar HipHop auf Kuba, also Sprechgesang, Rhythmus und technische Effekte – warum auch nicht? Warum sollten die Kubaner nicht so etwas Ähnliches haben wie die Deutschen mit ihren HipHop-Stars Die Fantastischen Vier? Die technischen Voraussetzungen für solche musikalischen Unternehmungen sind zwar sehr bescheiden auf der Insel, aber die Szene lebt. Man trifft sich in irgendwelchen Kellern; allein die Mundpropaganda sorgt für eine gut besuchte Party.

Auch die *roqueros* sind sehr aktiv. Wurden die Rock-Fans und Rock-Musiker vor einigen Jahren von offizieller Seite noch wie Aussätzige behandelt, so werden sie nun geduldet. Was manchem *roquero* nicht ganz geheuer ist. Denn er erinnert sich noch mit Schaudern daran, wie ihm oder einem seiner Freunde einst auf der Polizeistation ein »anständiger« Haarschnitt verpaßt wurde. Und das ausgerechnet im Land der bärtigen und langhaarigen Revolutionäre.

Die einheimische Rock-Gruppe Sintesis aber, inzwischen im Rock-Bereich vergleichbar anerkannt und preisgekrönt wie die Salsa-Pendants Los Van Van und Isakere, konnte durch beharrliche Arbeit eine Lanze für die *roqueros* brechen. Inzwischen haben sie sogar ihre eigenen Radiosendungen, in denen mit einer gewissen Verzögerung die neuesten Platten von amerikanischen, englischen und auch deutschen Hardrock-Gruppen gespielt werden.

Die Präsenz des harten Rock im kubanischen Radio hat allerdings einen handfesten politischen Hintergrund. Die Amerikaner locken auf ihrem Anti-Castro-Sender Radio Martí, der ausgerechnet nach dem kubanischen Freiheitskämpfer und Nationaldichter José Martí benannt ist, mittels Rockmusik immer mehr junge Leute an die Geräte. Noch so viele Stör-sender können Radio Martí nicht gänzlich ausschalten. Nun hofft Kubas Regierung, daß sich mit der Dul-dung der Rockmusik im Staatsradio ein Umschalten auf den Feindsender erübrigt.

Punk, jene wütende Drei-Akkorde-Musik mit Si-cherheitsnadel im Ohrläppchen, gibt es auf Kuba nicht mehr. Eine Gruppe von Kamikaze-Musikern aus der Gegend der Tabakmetropole Pinar del Río spritzte sich in der Zeit nach der Auflösung der Sowjetunion, als es der Insel wirtschaftlich so schlecht ging wie nie zuvor, Aids-infiziertes Blut. Protest und das Streben nach persönlichem Nutzen gingen dabei Hand in Hand. Denn die Punkmusiker wollten ins Kranken-haus eingeliefert werden, um dort an die vergleichs-weise gute Verpflegung heranzukommen. Was aus ihnen geworden ist, weiß keiner, das Thema ist tabu. Und die rebellischen Punkakkorde sind auf Kuba wohl für immer und ewig verstummt.

Natürlich gibt es auch Techno. Die Mittel sind be-scheiden, die Resonanz aber ist in einem stetigen Wachstum begriffen. Die Gruppe Sin Palabras ver-einigt heilige Santería-Gesänge mit geschickt gemach-ter Computermusik. Motor und Projektleiter von Sin Palabras ist der Franzose Jean-Claude Gué. Ihm ist es bei einem Kuba-Besuch ähnlich ergangen wie Ry Cooder. Er hat sich in die Insel verliebt, konnte nicht mehr davon lassen, war rundum begeistert. Mit echten Santería-Sängern und -Sängerinnen schlug er die Brücke zwischen Ethno, Techno und Religion, schuf herausragende Weltmusik für Menschen mit offenen Sinnen. Und stieß damit ein Tor auf, das nachfolgenden Künstlern ein spannendes Neuland erschlossen hat.

Santería, darauf werde ich später noch genauer eingehen, ist die Naturreligion der Yorubas, die mit den Negersklaven auf die Insel kam. Yoruba-Gesänge spielen bei allen Feiern und Zeremonien eine große Rolle. Diese Gesänge mit Technomusik zu verbinden, ist also mehr als gewagt. Doch Kubas Experimentiergeist kennt keine Grenzen, schon gar nicht, wenn es um Musik geht.

Welche Art von Musik hören eigentlich die Kubaner? Nun, im Alltag hören sie die Musik, die zur Verfügung steht, also Kassetten, die von Freunden oder Familienmitgliedern irgendwann einmal aufgenommen wurden und immer wieder abgeleiert werden, egal, wie bedeutend oder unbedeutend diese Musik sein mag. Zweitens bestimmt das Radioprogramm, was gehört wird. In jedem kubanischen Haushalt dudeln gleichzeitig zwei bis drei Billigradios, natürlich immer nur dann, wenn es Strom oder Batterien gibt. Nachbarn gefallen sich darin, sich gegenseitig im Lärmpegel zu übertrumpfen. Wer eine leistungsstarke Stereoanlage besitzt, hat damit auch ein wichtiges Statussymbol, das aller Welt vorgeführt werden muß. Und das so oft und so eindrucksvoll wie möglich. Kuba-Reisende, die sich für ein Privatquartier entschieden haben oder die vielleicht sogar bei Bekannten oder Freunden wohnen dürfen, werden daran ihre helle Freude haben. Das menschliche Gehör, das sei allen zum Trost auf den Weg mitgegeben, ist in der Lage, sich nach einer Phase der Überforderung auf eine einzige Schallquelle zu konzentrieren. Es kann zweitens einen Filter installieren, der laute Radiomusik zum Sekundärgeräusch degradiert. Daß dabei auch alle anderen Geräusche wie Unterhaltungen von Fenster zu Fenster, Streitereien zwischen Ehepartnern, Kindergeschrei, das Knattern von Mopeds, Hundegebell und Hahnengekrähe dezimiert werden, ist nicht unbedingt von Nachteil. Der Kubaner an sich neigt deutlich zum Lärmen, das nur zur Information nebenbei. Wenn ich nach zwei oder drei Wochen Kuba-Aufenthalt wieder zurück ins kalte Deutschland komme, wenn ich mein Gastbett bei einer befreundeten kubanischen Familie wieder gegen mein eigenes bayerisches, bundesdeutsches Bett eingetauscht habe, dann habe ich ernste Probleme mit dem Ein- und Durchschlafen. Ich vermisse all die Lärmquellen, frage mich manchmal im Halbschlaf verwirrt nach dem Grund ihres Fehlens. Ist der Hund krank? War es unser Hahn, den wir gestern zum Abendessen hatten? Sind die Kinder ausgewandert? Sind alle Mopeds konfisziert worden? Kann es sein, daß alle Radios bei uns und in der Nachbarschaft gleichzeitig einem technischen Defekt erlegen sind?

Womit wir wieder beim Thema wären: Radio, der Musiklieferant Nummer eins für den Durchschnitts-Kubaner, sein Freund, Begleiter durch den Tag und Geschmacksberater in Sachen Musik.

Leider ist es nur selten Radio Rebelde, was wir zu hören bekommen. Hier laufen sensibel und ausführlich moderierte Musiksendungen, die schon fast in den Bereich Bildungsprogramm gehören. Klassiker werden präsentiert, Klassiker der kubanischen Musik, die mit der Darstellung ihrer Entstehungs- und Wirkungsgeschichte ausführlichst gewürdigt werden. Der Kanal für den des Spanischen kundigen Kuba-Romantiker, der Oldie-Sender mit Niveau.

Doch auch der Kubaner liebt inzwischen das Musikradio mit möglichst wenig Worten, das Programm, das nicht beim Bügeln stört. Und das Dudelangebot ist groß.

Kuba-Verliebte mit Buena Vista im Ohr und Social Club im Herzen mögen bitte die folgenden Ausführungen überspringen. Denn die musikalischen Präferenzen der Kubaner werden sich sicherlich von den seinen deutlich unterscheiden und damit so manch liebevoll gepflegtes Vorurteil zu Fall bringen.

Machen wir es kurz und schmerzlos, ziehen wir im Frühling des Jahres 2000 einfach eine nüchterne Hit-Bilanz: Da heißen die Lieblingsinterpreten der Kubaner Backstreet Boys, Britney Spears, Jennifer Lopez, Cher, Spice Girls und Ricky Martin. Und der absolute Dauerstar bei Jung und Alt ist der Herz-und-Schmerz-Troubador Julio Iglesias. Die internationale Popwelle überschwemmt also inzwischen auch das sonst so auf nationale Abgrenzung bedachte Kuba. Daß im Frühjahr 2000 auch wieder einmal der hochkarätige Musiker Carlos Santana in der Gunst der Radiohörer steht, hat ebenfalls mit einem internationalen Song zu tun, mit Santanas glorreichem, internationalem und mit Grammys überschütteten Comeback. Was nichts an der Tatsache ändert, daß der Durchschnitts-Kubaner am liebsten das hört, was alle anderen auch hören. Die Hits kommen zwar immer erst mit einer relativ großen Verspätung auf Kuba an, werden dann aber um so länger genossen.

Was die Backstreet Boys betrifft, so eifern ihnen viele junge kubanische Musiker nach, wollen ähnlich adrett, erfolgreich, reich und berühmt werden wie sie, versuchen es mit spanischen Übersetzungen ihrer großen Hits.

Hochgesteckte Ziele, die bislang aber nicht erreicht wurden. Was eigentlich für die Qualität der kubanischen Musiker spricht, nicht gegen sie.

Der Schlimmste aller kubanischen Radiosender bietet ein Programm ohne Worte, was an sich ja nichts Verwerfliches ist. Denn dieser Sender will nichts weiter sein als eine Dauerbeschallung für Touristenlokale und Strandbars. Erstaunlich, wie die Verantwortlichen unseren Musikgeschmack einschätzen. Sie spielen rund um die Uhr, zu jeder vollen Stunde unterbrochen von der Zeitansage und den ersten drei Takten aus Beethovens Fünfter, mexikanische und argentinische Billigschnulzen, zum Teil auch hausgemachte kubanische, in denen so oft wie möglich die Begriffe *playa* (Strand), *alma* (Seele), *sol* (Sonne) und *amor* (Liebe) vorkommen sowie englischsprachige Aphorismen wie »Oh, Baby«, »I love you«, »I miss you« oder

»Please remember me«. Wir als Ausländer haben nicht die geringste Chance, diesen Sender abzuschalten – da hilft auch ein entsprechendes Trinkgeld in der Strandbar nicht. Die Kubaner lieben ihn, saugen die schlecht gemachten Schlager auf wie Manna, wollen damit offenbar den Abstand zwischen sich und den Ausländern ein bißchen verringern.

Bei jungen Kubanern sind all jene besonders beliebt, die einen Arbeitsplatz im Tourismus ergattern konnten, sei es nun als Kellner, als Koch oder als Zimmermädchen. Dabei geht es natürlich in erster Linie um die zu erwartenden Dollar-Trinkgelder, aber auch um das nicht zu unterschätzende Privileg, innerhalb der Touristenburgen Satellitenprogramme empfangen zu können, unter anderem diverse Musikkanäle. So hat jedes Zimmermädchen unzählige Freundinnen, die ihm bei der Arbeit helfen wollen, und das kostenlos. Denn während das Gastzimmer geputzt wird, kann man ja den Fernseher einschalten und all die schönen Musikvideos anschauen. Man erfährt Neues aus der großen weiten Musikwelt, hört die aktuellen Hits, lernt neue Tanzschritte, die in den Videos vorexerziert werden, um sie dann bei der nächsten *fiesta* dem staunenden Bekannten- und Freundeskreis zu präsentieren. Wohl dem, der ein Zimmermädchen zur Freundin hat.

Dennoch – und nun können Kuba-Schwärmer wieder aufatmen und mitlesen – hat gerade im musikalischen Bereich die Bewahrung des Überlieferten auf Kuba einen weit größeren Stellenwert als anderswo auf der Welt. Es geht dabei stets um die Erhaltung der Ursprünglichkeit und der absoluten Ehrlichkeit. Und das Gefühl, das beim Zuhören damit ausgelöst wird. Ich möchte noch einmal Ry Cooder zitieren, im Gespräch mit Peter Kemper von der *Frankfurter Allgemeinen Zeitung*, vollständig nachzulesen in *Buena Vista Social Club: Das Buch zum Film* (München: Schirmer / Mosel 1999). Seine Ausführungen zum modernen Musik-Konsumverhalten kann ich nur unterstreichen: »Wenn du heute eine Rap-Scheibe hörst, kennt in sechs Monaten vielleicht niemand mehr den Musiker. Schneller und schneller dreht sich das Karussell. Und die digitale Technologie erlaubt es vielleicht, eine Violine in ihrer Lautstärke beliebig zu manipulieren, aber ich fühle die Violine nicht mehr. Ich höre eine menschliche Stimme, aber ich spüre sie nicht mehr. Man hört die Musik zwar noch, aber man hört nicht mehr richtig zu, weil man nichts mehr empfindet. Immer mehr Menschen hören sich Musik aus dem Internet an. Das ist nur noch ein Gag, ein Witz, hat aber mit der Substanz von Musik nichts mehr zu tun. Viele Computer-Kids empfinden mittlerweile das Internet als eine Erweiterung ihres Zentralnervensystems. Dabei sind die menschlichen Nerven viel empfindlicher.«

Ry Cooder weiter: »Es geht darum, daß das besondere Milieu hörbar sein muß. Wenn das nicht mitschwingt, dann fühle ich mich, als würde ich in der falschen Stadt leben, in einer menschenleeren Gegend, ohne jede Mitteilung. Das klingt dann schrecklich. Es ist nicht so sehr eine anstrengende Suche, sondern eher ein Warten darauf, daß sich dieses Besondere in der Musik ereignet. Plötzlich weißt du: da ist etwas, und du bist unmittelbar davon überzeugt, daß es richtig und gut ist, weil es da hingehört. Solche Musik kommt nicht wie ein Tagesgericht daher, das auf der Speisekarte steht. Sie ereignet sich vielmehr im Kochvorgang selbst, wo alles verschmilzt, verdunstet, ein bestimmtes Aroma entsteht. Ein wahrer Meister legt lediglich seine Hände an ein Instrument – von allen Vorsätzen befreit –, und es kommt etwas Einmaliges heraus. Aber solche Fähigkeiten brauchen ihre Zeit.«

Wenn sich die *orishas*, die Hausgötter der Kubaner, die Verschmelzung der heiligen Santería-Gesänge mit Technoklängen gefallen lassen, wenn Alt und Neu ständig spannende und qualitativ hochstehende Fusionen eingehen, wenn die kubanische Musik insgesamt durch ständige Weiterentwicklung und Offenheit in alle Richtungen brilliert, dann dürfen wir getrost davon ausgehen, daß hier etwas Einmaliges entsteht. Der Völker- und Kulturenmix sorgt für ständigen Austausch, für eine permanente gegenseitige Befruchtung, für Erhaltung und Innovation zugleich. Nicht ohne Grund hat sich hier eine Musik herausgebildet, die schon seit Generationen weltweit für Furore sorgt und die mit fachlicher Anerkennung geradezu überhäuft wird. Und nach der man regelrecht süchtig werden kann.

Wer es unbedingt vermeiden will, von dieser Sucht befallen zu werden, der muß einen großen Bogen um all die kleinen Hinterhöfe machen, in denen zufällig zusammenkommende Musiker lustig drauflosmusizieren. Der darf auch nicht in die kleinen Straßencafés gehen, auch auf keinen Fall in die Casa de la trova in Santiago, wo immer wieder spontane Konzerte abgehalten werden. Große Konzerte im La Cecilia oder in der Casa de la Musica in Havanna gilt es dann ebenso zu meiden wie Bars, öffentliche Plätze und Parks. Kurz und gut: Man sollte in diesem Fall einen großen Bogen um Kuba machen.

Papa Hemingway

*I*n der Floridita trinke ich meinen Daiquiri, in der Bodeguita meinen Mojito. Ernest Hemingway.« Groß und wuchtig prangt das Schild mit der überdimensionalen Handschrift und dem noch größeren Autogramm über dem Ausschanktresen der kleinen Bar La Bodeguita del Medio in Havannas Altstadt; man ist heute noch stolz darauf, so einen berühmten Stammgast gehabt zu haben. Dabei sind auf den zahlreichen Fotos an den Wänden noch wesentlich berühmtere Bodeguita-Besucher zu sehen. Zu Hemingway aber haben die Kubaner ein ganz besonderes Verhältnis. Da spielt es auch keine Rolle, ob das Schild über dem Tresen wirklich echt ist oder nur eine pfiffige Geschäftsidee. Wie auch immer, es erfüllt Tag für Tag und Jahr für Jahr seinen Zweck. Die Bodeguita ist stets hoffnungslos überfüllt; jeder Tourist muß mindestens einmal hier einkehren, um einen oder mehrere Drinks auf Hemingway zu heben. Was zur Folge hat, daß die *mojitos* längst nicht mehr mit der nötigen Sorgfalt gemixt werden. Böse Zungen behaupten gar, hier in der Bodeguita del Medio gebe es die schlechtesten *mojitos* der ganzen Stadt.

In der Bar El Floridita, in der es anscheinend die guten Daiquiris gibt und die ebenfalls auf dem berühmten Schild verewigt ist, treibt man den Hemingway-Kult noch weiter. Der angebliche Eckstammplatz des Schriftstellers wird durch eine Kordel von den anderen Sitzen getrennt, darf von niemandem benutzt werden, bleibt für alle Zeiten für Hemingway reserviert.

Hemingway fand in Kuba genau das, was er, der so puritanisch erzogen worden war, so lange vermißt hatte: eine freie und sinnliche Lebensweise, eine zwanglose Atmosphäre. 1938 zog er auf die Insel, bewohnte erst einmal ein Zimmer im Hotel Ambos Mundos, das natürlich heute ebenfalls mit Hinweis auf die einstige Anwesenheit des Schriftstellers stolz als Ikone vorgeführt wird. Später kaufte er sich eine *finca* etwas außerhalb von Havanna, die Finca Vigia, die heute gegen Eintritt besichtigt werden kann, jedoch nur von außen. Die Fenster sind aber stets geöffnet, so daß man die Räume in Augenschein nehmen kann. Wer aber durch die geöffneten Fenster fotografieren will, muß pro Bild fünf Dollar Gebühr entrichten. Was echte Hemingway-Fans natürlich nicht im geringsten abschreckt.

Neben dem Hauptgebäude steht ein kleiner Turm mit Devotionalien, weiter ab befinden sich ein Swimmingpool und das Schiff, mit dem Hemingway zum Hochseefischen fuhr. Am Rand des Swimmingpools, in dem sich einst illustre Gäste wie Gary Cooper und Ava Gardner tummelten, sind seine Hunde begraben, und jedes Grab ist mit einem kleinen Grabstein versehen. Angeblich ist das gesamte Anwesen im Originalzustand erhalten, so, als wäre der Dichter gerade einmal außer Haus und auf einer seiner berühmt-berüchtigten Sauftouren durch Havanna.

Wenn der schwerfällige große Mann mit dem borstigen weißen Bart durch die Straßen wankte, riefen ihm Kinder und Bekannte stets »Papa! Papa!« zu, was er sich gern gefallen ließ. »Papa Hemingway« wurde zum stehenden Begriff. Hemingway war schwer alkoholkrank, ließ ab einem gewissen Betrunkenheitsgrad gern die Puppen tanzen und spendierte auch gern Drinks für alle und jeden. Was ihn natürlich nicht gerade unbeliebt machte.

Mehr als zwanzig Jahre wohnte Papa Hemingway auf Kuba, schrieb dort etliche seiner berühmten Romane, unter anderem *Der alte Mann und das Meer*, zu dem ihn ein Mann namens Gregorio Fuentes inspiriert hatte. Fuentes stand Hemingway lange zur Seite, arbeitete für ihn als Kapitän und manchmal, wenn der Meister wieder einmal allzu betrunken war, auch als Kindermädchen. Als der Papa sein Fischerboot in ein Kanonenboot umgebaut hatte und während des Zweiten Weltkriegs damit die kubanische Küste nach deutschen U-Booten absuchte, verhinderte Gregorio Fuentes Schlimmeres. Er weiß überhaupt viele Geschichten zu erzählen, und er tut das gern und oft. Und er schließt sie stets mit einer Liebeserklärung an den Mann ab, dem er dienen durfte: »Es gibt gute und es gibt schlechte Amerikaner. Ich habe nie einen intelligenteren Mann als Hemingway gekannt.«

Gregorio Fuentes wohnt in dem kleinen Fischerdorf Cojimar, sechzehn Kilometer östlich von Havanna. Auch hier steht eine Hemingway-Büste, denn hier lag dessen Boot vor Anker. Als ich Fuentes das erste Mal sah, es war im Frühjahr 1995, hielt er sich aber nicht zu Hause, sondern auf dem Gelände der Finca auf, ließ sich geduldig von Touristen fotografieren und mit stereotypen Fragen belästigen. Was für einen alten Mann, der kurz vor seinem hundertsten Geburtstag steht, sicher keine Selbstverständlichkeit ist. Ich habe damals nicht den Mut gefunden, ihn anzusprechen. Vielleicht wollte ich mich auch bloß nicht in eine Reihe mit den sensationshungrigen Touristen stellen.

Es heißt aber, daß Fuentes seine Rolle als lebender Zeitzeuge gern spielt. Er sieht dies als seinen Obulus an den Tourismus an, den wichtigsten Wirtschaftsfaktor seiner Heimat Kuba. Fuentes ist Patriot.

Im September 1999 unternahm ich dann endlich den Versuch, den alten Mann am Meer zu treffen. Nachbarn sagten mir aber, daß er krank sei. Worauf ich ihn natürlich nicht belästigen wollte. Wer weiß, wie es ihm geht, wenn Sie, lieber Leser, dieses Buch in Händen halten. Entweder er läßt sich immer noch vor der Finca Vigia knipsen wie ein Denkmal, oder aber er fängt in einer anderen Dimension wieder Marline, natürlich nur die ganz großen und wilden Exemplare, und trinkt mit Papa Hemingway einen *mojito* auf den gelungenen Fischzug.

Hemingway, der berühmte Autor, der Macho mit

dem Gewehr, der Mann mit den Spendierhosen, der Lebemann, Raufbold und Freund Kubas. Mitte der fünfziger Jahre vermachte er seine Nobelpreis-Medaille dem kubanischen Volk. Ob er aber ein Freund der Revolution war, wird immer noch diskutiert. Natürlich mußten die verwegenen Guerillaaktionen von Fidel und Che seine Machoinstinkte wecken. Und in manchen Briefen äußerte er sich auch positiv zum Thema Revolution. Dennoch ist es ratsam, sich in Kuba nie auf dieses Diskussionsthema einzulassen. Man kann nur verlieren, welchen Standpunkt man auch vertritt.

Daß Castro sich gern mit der Gegenwart des weltberühmten Schriftstellers schmückte, ist dagegen überliefert und belegbar. Also kann Hemingway nicht ganz antirevolutionär eingestellt gewesen sein. Außerdem gibt es einen Brief, in dem Papa Hemingway die Flucht des Diktators Batista mit folgenden Worten kommentiert: »*Sic transit hijo de puta*« – endlich geht dieser Hurensohn.

Hemingway, so hat man mir erzählt, hat aber Castro auch gern einmal vorgeführt und provoziert. So soll er eine hochoffizielle Einladung für »Señor Hemingway und beliebig viele Freunde« dazu benutzt haben, ein verwegenes Spiel mit dem *máximo líder* zu treiben. Sturzbetrunken stürmte er mit einer Horde zerlumpter Fischer und Bauern, die ebenfalls nicht mehr nüchtern waren, den erlesenen und elegant gekleideten Kreis. Castro nahm's hin. Was blieb ihm auch anderes übrig. Diese Geschichte wird in den Kneipen Havannas gern erzählt, zupft sie doch frech am Bart des *comandante en jefe*. Ob sie wahr ist oder nicht, wissen wohl nur die, die dabei waren.

Die Kubaner lieben Hemingway, betrachten ihn als einen der ihren. Nicht nur weil er berühmt war und ist, sondern vor allem weil er ein Macho ohnegleichen war. Er prügelte sich, ging mit seinen Frauen und Liebhaberinnen herablassend um, erlegte sich selbst kaum Schranken auf, zumindest keine von außen erkennbaren. Und er ging auf die Jagd, tötete Fische in Kubas Gewässern und Großwild in Afrikas Savannen, ließ nie den geringsten Zweifel daran, daß er alle Eigenschaften besaß, die ein »echter« Mann anscheinend aufweisen muß.

In Alt-Havanna habe ich einmal gehört, wie sich zwei junge Burschen genüßlich über eine vorbeischlendernde *chica* ausließen: »O Mann, die hat wirklich tolle Beine, und der aufregende Gang, sie sieht überhaupt verdammt gut aus. Die ist wirklich Hemingway.« Der Name Hemingway ist zum Synonym für gut, toll, aufregend geworden.

Die Marina Hemingway, ein Hafen am Rande Havannas, und das dazugehörige klotzige Hotel »Der alte Mann und das Meer« aber sind alles andere als gut, toll oder aufregend. Die schreckliche, im DDR-Stil gestaltete Ferienanlage ist nur für Touristen zugänglich und ebenso fade wie die lieblos gemixten *mojitos* in der Bodeguita del Medio. Wenn das Papa wüßte!

Der Papst, die Santería und die orishas

Noch ein weiterer Papa hat auf Kuba Geschichte geschrieben, und das erst in jüngster Zeit. Der Papa aus Rom, der sogenannte Heilige Vater, das Oberhaupt der katholischen Kirche, der Papst. Er heißt auf Kuba übrigens auch schlicht und einfach *Papa*, genau wie Hemingway. Doch während man im letztgenannten Fall das Wort *Papa* meistens zusammen mit dem Namen Hemingway gebrauchte, so ist der Papst aus Rom *el Papa*, wobei der Artikel *el*, also »der«, ähnliche Bedeutung hat wie im Fall des Che, der *el Che* ist: Damit soll die Einzigartigkeit der Person herausgestellt werden. Ein Gebrauch des Artikels, der nicht nur in Kuba, sondern in fast allen lateinamerikanischen Ländern, üblich ist.

Daß der Papa aus Rom im Januar 1998 endlich ins kommunistische Kuba reisen konnte, erforderte im Vorfeld jahrelange diplomatische Bemühungen. Zu verfahren und verzwickt war die Lage, wollte man doch Amerika nicht über Gebühr reizen. Denn der Papstbesuch kommt für jedes Land, von welchem Regime auch immer regiert, einer internationalen Anerkennung gleich. Und gerade das ist es, was die Amerikaner Fidel und seinen Kubanern so gern vorenthalten möchten. Während der Durchschnitts-Amerikaner schon lange keine Angst mehr vor einer eventuellen kommunistischen Bedrohung aus der Karibik fühlt, wahrscheinlich auch nicht die geringste Ahnung davon hat, ob sich Kuba nun in Rußland, China oder Alaska befindet, geschweige denn weiß, was damals in der Schweinebucht passiert ist, herrscht unter den amerikanischen Politikern immer noch eine geradezu unverständliche Anti-Kommunismus-Hysterie. Der Papstbesuch auf Kuba mußte also für die Verantwortlichen in Rom zum Balanceakt werden.

Besonders schlimm wurde es, als feststand, daß der Platz vor der Kathedrale in Havanna für die Papstmesse viel zu klein sein würde. Man mußte sie auf den wesentlich weitläufigeren Revolutionsplatz verlegen. Was für amerikanische Fernsehjournalisten zum Problem wurde. Auf dem Platz der Revolution in Havanna steht nämlich weithin sichtbar ein Parteigebäude mit einer unübersehbaren Silhouette des Che. Die Journalisten hatten Anweisung – so wurde mir zumindest unter der Hand erzählt –, auf keinen Fall dieses Che-Konterfei ins Fernsehbild zu bringen. Eine Übung, die bestimmt nicht zu den leichtesten gezählt werden kann.

Wie immer, wenn der Papst in ein fernes Land reist, geht es ihm und seinen Hintermännern natürlich in erster Linie um eine Vermehrung des Einflusses der katholischen Kirche. Was – sehen wir es einmal ganz realistisch – ja auch sein gutes Recht ist.

Was er aber in Kuba getan hat, kann selbst jene Katholiken mit Stolz erfüllen, die verzweifelt die Hände über dem Kopf zusammenschlagen, wenn *el Papa* wieder einmal hoffnungslos veraltete Positionen in Sachen Empfängnisverhütung oder Abtreibung zum besten gibt. Als erstes drückte er Castro eine Liste mit Namen von politischen Gefangenen in die Hand, die er als Vertreter der Menschenrechte und der Meinungsfreiheit gern wieder bei ihren Familien wüßte; es waren angeblich zweiunddreißig an der Zahl. Die dann auch prompt freigelassen wurden.

Seine zweite Aktion war eine hinreißende, noch auf dem Flughafen gehaltene Rede, in der er erklärte, die Zeit des kalten Krieges müsse nun endlich vorbei sein und die Amerikaner müßten endlich einsehen, daß es keinen vernünftigen Grund mehr gebe, Kuba weiterhin mit dem seit 1961 bestehenden unmenschlichen Embargo zu belegen. Und diese Rede gipfelte in den historischen Worten: »Die Welt muß sich endlich Kuba gegenüber öffnen; und Kuba muß sich der Welt öffnen.« Eine Forderung, die sogar auf der ersten Seite der Parteizeitung *Granma* als Aufmacher prangen durfte. Darunter kam natürlich, in der gleichen Schriftgröße, sofort ein Bonmot des *comandante en jefe* Fidel, in dem dieser darauf hinwies, daß es selbst anständigen Kommunisten erlaubt sei, sich zu ihrer Religion zu bekennen, daß sich Sozialismus und Religion nicht ausschlössen. Ein Zitat, das übrigens aus den frühen achtziger Jahren stammt, das aber nie so richtig seinen Niederschlag im Alltag fand. Denn ein anständiger

Sozialist oder gar Kommunist hatte gefälligst Atheist zu sein, hatte gemäß eines bekannten Vordenkers die Auffassung zu vertreten, daß Religion Opium fürs Volk sei und weiter nichts. So wie es 1961 ausgemacht worden war, als man den Marxismus-Leninismus quasi als neue Staatsreligion entdeckte. Wer in jenen Tagen eine Messe besuchte, mußte sich dem Vorwurf aussetzen, einen »Rückfall in die Vergangenheit« gehabt zu haben. Und allzu viele Rückfälle dieser Art durfte man sich nicht leisten, hatten doch praktizierende Katholiken wesentlich geringere Chancen auf einen guten Ausbildungs- oder Arbeitsplatz. Im verborgenen lebte die Religion aber weiter.

Die Geschichte der katholischen Kirche in Lateinamerika und speziell in der Karibik kann nicht gerade als ruhmreich und ehrenvoll bezeichnet werden. Der spanische Eroberer Christoph Kolumbus fühlte sich von Gott dazu berufen, alle Heiden auf Kuba auszurotten, um Platz für den vermeintlich einzig wahren Glauben zu schaffen. Die Ureinwohner der Insel Kuba, die Indianer, sind demgemäß so gut wie restlos ausgerottet worden, zur Lobpreisung eines katholischen Gottes. So konnte sich Castro im Rahmen seiner Begrüßungsrede für den Papst auf dem Flughafen von Havanna eine dementsprechende Anspielung nicht verkneifen.

Tatsache ist jedoch, daß die katholische Organisation Caritas schon seit langer Zeit im großen Stil Medikamente nach Kuba verfrachtet, daß sie genau da einspringen will, wo das amerikanische Embargo am

schmerzhaftesten Wirkung zeigt. Wer bei den Arznei-
mittel-Verteilerstellen der Caritas vorstellig wird –
meist finden diese Aktionen an bestimmten Wochen-
tagen und zu einer bestimmten Uhrzeit in einem
Nebenraum des Kirchengebäudes statt –, braucht aber
weder einen Taufnachweis noch eine Bestätigung, daß
er in der Lage ist, das Vaterunser fehlerfrei aufzusagen.
Die Abgabe der zur Verfügung stehenden Medikamente ist sogar kostenfrei. Was aber nicht heißt, daß
die Caritas wirklich alle Bedürfnisse in medizinischer
Hinsicht befriedigen kann. So mancher Patient wartet
viele Monate lang auf den Tag, an dem sich in der
neuen Lieferung aus dem katholischen Europa endlich
die Medizin findet, die er so dringend braucht.

Der Widerstand gegen diese Art der Arzneimittel-
ausgabe kommt nicht aus Havanna, sondern aus Rom.
Findet sich doch in regelmäßigen Abständen im Vati-
kan immer wieder jemand, der mit der These »Ein
Gotteshaus darf nicht zu einer Apotheke degradiert
werden!« rechtspopulistischen Beifall einheimsen
kann. So flackert regelmäßig die Diskussion auf, ob
diese Aktionen in dieser Weise zulässig sind.

Was hat der Papstbesuch in Kuba gebracht, was kam
als greifbares Ergebnis oder zumindest als spürbare
Verbesserung für die einfachen Leute dabei heraus?
Hier scheiden sich die Geister. Die einen preisen die
nun tatsächlich praktizierbare Religionsfreiheit, die auf
dem Papier schon so lange bestand, die aber jetzt endlich auch gelebt werden kann, ohne daß man gesellschaftliche oder berufliche Nachteile befürchten muß.

Die anderen aber schütteln nur entnervt den Kopf, wenn ich sie nach dem konkreten Nutzen des Besuches aus Rom frage: »Nichts hat sich verändert, nicht das geringste. Der Besuch des Papstes war ein großes Spektakel, weiter nichts.«

Was so nicht stimmt, zumindest nicht für die Katholiken der Insel. Die übrigens prozentual gesehen nur einen verschwindend kleinen Teil der Einwohnerschaft ausmachen. Wie von Zauberhand bekommen sie auf einmal das sonst so rare Baumaterial, können Kirchengebäude renovieren, Versammlungsräume gestalten. Können sogar eigene Postillen herausgeben, haben Papier und Druckerschwärze zur Verfügung, die anderen gesellschaftlichen Gruppierungen fehlen. Und können sogar als staatlich genehmigten Feiertag wieder Weihnachten begehen. Was ihnen jedoch Probleme bereitet. Wie begeht man einen Feiertag, der vierzig Jahr lang nicht existierte? So, wie man es im ausländischen Fernsehprogramm gesehen hat? Kauft man Geschenke für die Kinder, leistet man sich ein schönes Essen im Familienkreis? Und wenn ja, wovon? Die Kubaner kennen Weihnachten nicht, sind aber dankbar für den arbeitsfreien Tag.

Die eigentlichen Nutznießer des Papstbesuches, so seltsam sich das auch anhören mag, sind die Angehörigen der santería. Unter dem Begriff santería faßt man alle afrikanischen Naturreligionen zusammen, deren größte die der Yoruba ist. Manche Kuba-Kenner meinen auch, daß die *santería* eine Vermischung des Katholizismus mit afrikanischen Religionen ist.

Was aber für uns als Reisende erst einmal ohne Belang ist, denn in Expertenstreite mischen wir uns nicht ein. Zumal es bei diesem Thema wirklich um Definitionsfragen und Ansichten geht, die historisch nicht mehr genau festgemacht werden können.

Fest steht, daß die afrikanischen Religionen mit den schwarzen Sklaven auf die Insel kamen, dort aber sehr schnell verboten wurden. Da die Afrikaner dennoch auf keinen Fall auf ihre Rituale und Feste verzichten wollten, wurden sie trickreich. Sie beteten zwar äußerlich und zur Zufriedenheit ihrer Ausbeuter katholische Statuen an, hatten aber diese schon längst mit einer anderen Funktion belegt. San Lazaro wurde in ihrer Vorstellungskraft Babalu-Ayé und durch diese Doppelbelegung zu einem der wichtigsten Heiligen auf Kuba. Und mit einem Kniefall vor der Statue von Santa Barbara beten die Yoruba-Gläubigen den Feuergott Chango an.

Ähnlich pfiffig ging man zu Werke, wenn man ein katholisches Ritual, also in erster Linie die heilige Messe, in eine Yoruba-Funktion umwandeln wollte. Man machte sich auf, »eine Messe zu stehlen«. Ein Bekannter hat mir erzählt, wie das funktioniert: »Man geht ganz normal in die Messe, macht alle Rituale mit, die die Katholiken auch praktizieren. In dem Moment, in dem gesagt wird, daß diese Messe für Herrn soundso gelesen wird, damit er wieder gesund wird, denkt der Santería-Anhänger ganz intensiv an seinen Bekannten, Freund oder an sein Familienmitglied und an dessen Sorgen. Er muß sich dabei sehr konzentrieren; doch dann ist es ihm gelungen, die Messe zu stehlen.«

Die afrikanischen Götter, die auf Kuba allgegenwärtig sind, die *orishas*, spielen im Alltagsleben eine große Rolle. Und sie sind anders beschaffen als der gütige und alles verzeihende Christengott, sie ähneln in ihrem Wesen eher den Gottheiten der alten Griechen. Sie können Neid und Haß empfinden, Bösartigkeiten entwickeln, die dem einzelnen Menschen schaden, können aber auch den einen fördern und den anderen in seinem Tun hemmen. Außerdem gibt es noch die zahllosen Geister der Verstorbenen, die ständig in ihren Familien weilen und auch dort allerlei bewirken können, Positives wie Negatives. Um ihnen Achtung zu erweisen, stellt fast jede Familie zu Hause mehrere mit Wasser oder auch mit Rum gefüllte Gläser auf. Die Götter und die Geister könnten ja Durst haben. Fast überall sehen wir auch kleine oder große Statuen eines Familiengottes; in manchen Häusern gibt es gar prunkvoll geschmückte Altäre.

Nicht alle Santería-Gläubigen sind immer so ernsthaft bei der Sache, wie es die *orishas* wohl gern hätten. Ähnlich den bayerischen Katholiken haben sie spitzfindige Methoden entwickelt, um einerseits den Himmel zu besänftigen, andererseits dafür aber keinen großen Aufwand betreiben zu müssen. Einmal mußte ich sogar selbst ein Santería-Ritual ausführen. Das kann schneller passieren, als man denkt.

Mit meinem kubanischen Freund stand ich sehr früh am Morgen auf, um einem Bekannten von ihm, der um diese Uhrzeit operiert wurde, positive Gedanken zu schicken. Man kann auch sagen, wir haben für den Patienten gebetet, jeder von uns auf seine Weise.

Mein kubanischer Freund arrangierte auf dem Tisch in einer für mich nicht nachvollziehbaren Weise ein paar Perlen, zündete eine dicke rote Kerze an, nahm ein Glas Rotwein, trank daraus einen tiefen Schluck, weil es ja nicht gut ist, wenn die Götter schon frühmorgens zuviel trinken, und dann sprach er ein paar Formeln, offenbar Gebete. Das Glas mit dem Wein stellte er neben die Kerze, darum ordnete er wieder Perlen an. Nach einer halben Stunde der Konzentration für den Freund im Krankenhaus beschloß er, seinem normalen Tagesablauf nachzugehen. Die Kerze hatte aber mindestens zwölf Stunden zu brennen, der Wein für die Götter – Wein ist in Kuba absoluter Luxus, er war also äußerst gefährdet – ebenfalls mindestens zwölf Stunden unangetastet den *orishas* zur Verfügung stehen. Also wurde ich zum Wächter bestimmt, der dafür verantwortlich war, daß sowohl Kerze als auch Wein zwölf Stunden in dem Zustand blieben, den das Ritual verlangte.

»Aber ein Ritual hat doch nur die Bedeutung, die wir ihm geben«, versuchte ich meine Haut zu retten, »sonst bleibt es doch leer und ohne Wirkung.«

»Die Kerze muß brennen, die Perlen müssen genau so liegen bleiben, und der Wein darf von niemandem weggetrunken werden, das ist alles«, argumentierte mein Freund.

»Nein, die Konzentration ist es, die Meditation, das Gebet!« Die Aussicht, zwölf Stunden eine Kerze und ein Glas Wein zu bewachen, erschien mir nicht gerade verlockend. Ich versuchte mich also in der Kunst der Diskussion.

»Das kannst du als Deutscher nicht beurteilen. Also paß gut auf. *Hasta luego*, bis bald!«

Sprach's und verschwand. Bis heute haben sich die *orishas* nicht beschwert, daß ich meinen Job etwa nicht gut gemacht hätte.

Da es so gut wie unmöglich gewesen wäre, den Kubanern klarzumachen, warum die Katholiken nach dem Papstbesuch alle möglichen Privilegien erhalten sollten, die Angehörigen der stärksten Gruppe, die Gläubigen der *santería*, aber nicht, sind sie es nun, die am meisten von dem römischen Besuch profitieren. Auch sie können sich nun auf Castros Aussage berufen, daß es sich keinesfalls ausschließt, eine guter Kommunist zu sein und gleichzeitig eine Religion zu praktizieren. So kann es einem Santería-Gläubigen inzwischen nicht mehr verboten werden, auch am Arbeitsplatz diverse Perlenketten oder -armbänder zu tragen. Natürlich wird gerade auf die in höheren Stellungen Tätigen sanft Druck ausgeübt, daß der heilige Körperschmuck nicht allzu offensichtlich wird, daß man die Kette besser unsichtbar unter dem Hemd trägt und vieles mehr, aber verboten werden darf dieses Bekenntnis zur Religion nicht mehr. Es gibt dafür andere kleine Schikanen, gerade in Arbeitsbereichen, die mit dem Tourismus zu tun haben.

Wer sich einer der Santería-Religionen verschreibt, meist wohl der der Yoruba, zelebriert im Hause eines Priesters eine Art Einweihung, vergleichbar mit einer Taufe. Nach dieser Einweihung trägt der neue Gläubige ein Jahr lang so oft wie möglich Weiß, bei jeder Gelegenheit, zumindest aber am Sonntag. Es ist in Kuba an sich schwierig genug, neue Kleidungsstücke aufzutreiben, aber makellos weiße in der richtigen Größe zu besorgen, das bedarf schon längerer Vorbereitungen. Wenn ich nach Kuba fahre, versuche ich also sooft wie möglich weiße Kleidungsstücke für meine Bekannten und Freunde mitzunehmen. Viele Kubaner greifen in diesem Punkt auf den Familienschatz zurück, auf das vererbte weiße Kleid von der Urgroßmutter zum Beispiel. So kommt es, daß die neu eingeweihten Frauen oft in bestens erhaltenen nostalgischen Gewändern durchs Leben wandeln, und das mindestens ein Jahr lang.

Den Jahrestag der Einweihung feiert man dann sehr bewußt, meist zusammen mit vielen Freunden. Es wird reichlich pappsüßer Pudding gekocht und süßer Kuchen gebacken, und nicht selten wird für die Bereitstellung dieses Party-Grundstocks ein ganzes Monatsgehalt ausgegeben. Vor dem Hausaltar, der an diesem Tag besonders prächtig geschmückt wird, werden dann all die Gaben aufgestellt, zu Ehren der Götter. Was die Feiernden nicht davon abhält, ihnen im Laufe des Abends all die Köstlichkeiten wegzuessen.

In einer kleinen Schale vor der Heiligenstatue stapeln sich immer mehr Geldscheine, auch *dolares*. Wer ein Anliegen hat, legt sich auf einer Matte vor der Statue hin und rasselt ein paarmal mit einer *maraca*, einer Kugel mit Kürbiskernen oder kleinen Steinen darin, ohne die auch keine Musikgruppe auskommt. Mit diesem Rasseln macht man die Götter darauf aufmerksam, daß man jetzt etwas sagen will. Man bittet grundsätzlich nicht für sich, sondern für andere. Und das Gebet ist mit einem kleinen Opfer verbunden.

So wird gerasselt, gebetet, geopfert und gegessen, getrunken auch, meist billiger Fusel, und das alles in einer für andächtige Katholiken schier unverständlichen Gelassenheit und Ausgelassenheit. Irgendwo schreien Kinder, rennen immer wieder quer durchs Zimmer, im Nebenraum plärrt ein Radio oder kämpft ein Fernsehapparat wacker ums Überleben, alles ist sehr locker und lebensfroh.

Hin und wieder wird bei solchen Festen auch musiziert. Es sind afrikanische Rhythmen und Gesänge, die da angestimmt und normalerweise auf heiligen Trommeln, auf *batas*, begleitet werden. Da diese aber Mangelware sind, begnügt man sich oft mit dem rhythmischen Trommeln auf Kisten, Kanister oder auch selbstgezimmerten hölzernen Klangkörpern. Einzelne Partygäste singen den Refrain mit, tanzen, bewegen sich immer unkoordinierter.

Für den respektvollen Ausländer, der schon viel über die *santería* gehört hat und sich durch die Einladung zu so einem Fest schon genug geehrt fühlen darf, ist es in diesem Stadium des Festes wohl höchste Zeit, sich zurückzuziehen. Oder etwa doch nicht?

Ich erinnere mich noch gut: Verzückt schreit die Tänzerin immer wieder Unverständliches in die Runde, tanzt barfuß vor dem Altar, fuchtelt wie wild mit den Armen, läßt die Augen rollen. Ihr tiefschwarzer Körper ist total verschwitzt, sie rumpelt immer wieder gegen den Kühlschrank, fällt zu Boden. Andere Tänzer helfen ihr mehrmals auf; sie schreit und tanzt immer wilder.

»Javier laß uns gehen!«

»Warum? Gefällt es dir hier nicht mehr?«

»Schau doch, jetzt beginnt ein Stadium der religiösen Verzückung, das ist doch etwas ganz Intimes, nichts für Fremde. Ich glaube, es wäre unhöflich, hier als Voyeur dabeizubleiben.«

»Verzückung? Religiös? Wo?«

Javier stopft sich noch schnell einen Bissen Kuchen in den Mund, schaut sich neugierig um und dann mich voller Unverständnis an.

»Die Frau da – siehst du sie denn nicht?«

»Ach die! Die ist bloß besoffen. Willst du noch Pudding?«

Santería-Feste finden meist in der Wohnung eines Eingeweihten statt, manchmal auch im Haus eines Priesters. Diese Priester sind hoch angesehen; und wer Rat braucht oder etwas Unterstützung in kritischen Zeiten, der befragt sie. Diese *babalawos* werfen dann Gegenstände auf ein Tablett und entnehmen der Art, wie sie liegen, eine Antwort. Oder sie hängen alle möglichen kleinen Gegenstände an eine Halskette aus Metall, die *cadeneta*. Es gibt auch Santería-Rituale, bei denen Blut fließt, und zwar das von Hühnern. Als Ausländer werden Sie schwerlich Zugang zu solchen Opferungen erhalten; bei Partys ist man da schon etwas großzügiger. Aber auch nicht immer; es hängt von der Bedeutung des Festes und den Freunden ab, die Sie mitbringen. Etwas in solchem Rahmen aber unbedingt beachtet werden muß: Wer fotografieren will, sollte vorher fragen. Und bei einer positiven Antwort dennoch nicht wie wild herumknipsen. Denn die *orishas* könnten das übelnehmen.

Guten Appetit!

Jedesmal, wenn wir von Kuba nach Hause kommen, freue ich mich darauf, unsere daheimgebliebene Katze begrüßen zu können. Ob sie uns schon vermißt hat? Und jedesmal blicken wir uns vielsagend an, meine Lebensgefährtin und ich, wenn Chica – so haben wir das Tierchen genannt, natürlich um mit diesem Namen ein Stück Kuba daheim zu haben – nach einer kurzen Phase des Beleidigtseins, endlich zum Zweck der Begrüßung angeschnurrt kommt.

»Chica ist schon wieder dicker geworden, so geht das nicht weiter«, meint meine Freundin. »Du hast recht, Chica muß auf Diät gesetzt werden«, pflichte ich ihr dann bei.

Natürlich hat Chica kaum ein Gramm zugenommen. Nach ein paar Wochen in Kuba sind wir bloß an den Anblick all der mageren bis spindeldürren Katzen gewöhnt, und im Vergleich dazu kommt uns unsere eigene sehr schwergewichtig vor, was sie sicher auch ist, aber nicht mehr als andere deutsche Hauskatzen auch. Mein kubanischer Freund Javier, von dem in diesem Buch schon des öfteren die Rede war, hat mich schon zweimal im Bayerischen besucht. Wenn

Chica von ihm Streicheleinheiten einfordert, so endet das nach kurzer Zeit immer mit der lapidaren Feststellung meines Freundes (die bei uns schon zum geflügelten Wort geworden ist): »Chica ist fettig.«

Und es stimmt ja auch, Chica ist fettig. Im Vergleich zu kubanischen Katzen auf jeden Fall. Was die Kubaner aber nicht hindert, ein anderes geflügeltes Wort zu gebrauchen, das angeblich der Vergangenheit angehört, das ich aber schon oft vernehmen mußte, und zwar immer dann, wenn sich der Abend in Rumseligkeit hinzieht und allgemein Appetit aufkommt: »Jetzt braten wir uns eine Katze!«

Keine Angst, Katze ist kein fester Bestandteil der kubanischen Küche. Obwohl ich mir bei dem einen, dem ganz gewissen Hasenbraten vor ungefähr fünf Jahren, dessen Zubereitung ebenfalls in einer nächtlichen und feuchtfröhlichen Runde beschlossen und im Hintergrund von einer fleißigen Köchin ausgeführt wurde, im Rückblick nicht mehr ganz so sicher bin. Doch was immer das damals auf meinem Teller auch war, »fettig« war es auf keinen Fall.

Dabei lieben die Kubaner fettes Fleisch, vor allem fettes Schweinefleisch. Das für den einfachen Landmann nicht allzuschwer zu beschaffen ist, für den Stadtbewohner aber oft zu seltsamen Wohngemeinschaften führt. Denn der zieht sich sein heißgeliebtes Schweinefleisch im Badezimmer oder auf dem Balkon heran.

Rindfleisch ist absoluter Luxus. Die *libreta* mit den Lebensmittelzuteilungen gönnt dem Durchschnitts-

Kubaner nur Grammrationen pro Monat; die Anrechte darauf müssen also aufbewahrt und zu einer sicht- und bratbaren Menge zusammengesammelt werden. Was unverständlich erscheint, denn überall auf Kuba sehen wir große Rinderherden. Regimegegner spekulieren laut darüber, wohin dieses Rindfleisch exportiert wird oder was sonst alles Verwerfliches mit ihm passieren könnte. Die Antwort, die man am häufigsten hört, lautet, daß dieses Rindfleisch aufgrund alter Schulden nach Spanien exportiert werden muß. Was niemand beweisen, nachprüfen oder auch widerlegen kann. Wir als Ausländer schon gar nicht.

Der Fahrer eines Schwarztaxis, mit dem ich ein paarmal unterwegs war, hat mir eine abenteuerliche Rindfleischgeschichte erzählt: »Ein Freund hat mich in der Nacht um zwei gebeten, einen Transport zu machen. Als ich dann sah, um was es ging, wollte ich am liebsten kneifen. Ein riesiges Stück Rind, direkt vom geschlachteten Tier, also noch blutig. Ich ließ mich überreden und fuhr los. Doch die Katastrophe ließ nicht lange auf sich warten: Ein Polizist hielt mich an. Er hat mich nur um ein bißchen Benzin gebeten, weil sein Streifenwagen leergefahren war, wollte also nur kollegiale Hilfe. Doch mein Reservekanister war im Kofferraum, und da lag auch das Rindfleisch. Als ich den Kofferraum öffnete, hatte ich schon mit meinem Leben abgeschlossen. Der Polizist hat nämlich sofort gesehen, was los ist. ›Ist das Rindfleisch?‹, hat er mich gefragt, und ich habe nur noch gottergeben nicken können, jetzt war ohnehin alles aus. ›Dann schneide

mir bitte zwei Schnitzel davon runter‹, sagte der Polizist. Was ich dann auch mit schlotternden Knien und
mit zitternder Hand getan habe. Dann hat mich der
Polizist in Ruhe gelassen, und ich habe ihm etwas
Benzin gegeben, natürlich ohne Entgelt. Nie wieder
werde ich Rindfleisch transportieren!«

Sie fragen sich vielleicht, was daran so gefährlich war.
Hier die einfache Antwort: Wer in Kuba schwarz-
schlachtet – ein Rind noch dazu –, sich also an Staatseigentum vergreift, der wird mit Gefängnis bis zu acht
Jahren bestraft.

Das Fleischangebot der kubanischen Küche beschränkt sich also auf Schwein und häufiger noch auf
Huhn, und im Regelfall haben die Kubaner weder das
eine noch das andere, sondern behelfen sich damit,
daß sie die vegetarische Beute von den Märkten oder
aus dem eigenen kleinen Garten so ähnlich wie Fleisch
zubereiten.

Viele Zwiebeln und grüner Paprika, angebraten mit
Olivenöl, soweit vorhanden, das bildet den *sofrito*, die
Grundlage. Darauf basiert alles mögliche, je nachdem,
was erreichbar und erschwinglich ist, und dabei darf
reichlich Knoblauch nicht fehlen. Vor allem Bohnen
spielen eine wichtige Rolle, sowohl schwarze als auch
weiße. Die Bohnensuppe, zum Reis gegessen, ist eines
der Standardgerichte Kubas, wenn nicht das National-
gericht.

Schwarze Bohnen mit Reis, dazu vielleicht ein
Stück fettes Schwein, außerdem geröstete Scheiben
von der Kochbanane, das riecht, duftet und schmeckt

nach Feiertag in einem kubanischen Haushalt. Es gibt in den großen Städten auch etliche Restaurants, die dieses Gericht anbieten.

Daheim bei Muttern allerdings bleibt es bei Bohnen mit Reis, mehr kann man sich nicht leisten. Daß die Bohnensuppe – oder die Bohnensoße, wenn Sie so wollen – inzwischen einen besonderen Status hat, darf uns nicht wundern. Ähnlich der Nudelsoße in Italien genießt die Bohnensuppe in Kuba eine besondere Wertschätzung. Rezepte werden vererbt und nur im Flüsterton weitergegeben; eine Hausfrau, die nicht in der Lage ist, eine anständige Bohnensoße zuzubereiten, muß mit ihrer sofortigen Verstoßung rechnen. Wozu es natürlich nie kommt. Denn eine kubanische Frau, die nicht in der Lage ist, eine anständige Bohnensuppe zuzubereiten, wird kaum eine Chance haben, je geheiratet zu werden. Und eine kubanische Frau, die die Bohnen nicht so bald wie möglich genau so kocht, wie Mama das immer macht, hat ebenfalls keine Chancen auf dem Heiratsmarkt.

Die kubanische Küche enthielt vieles, das wir heute leider so nicht mehr erleben können: kreolische, afrikanische, chinesische, spanische und auch englische Elemente, die jeweils von den Vertretern dieser Völker im Lauf der Zeit auf die Insel gebracht wurden. Die einst so hoch gelobte *cocina criolla*, also die kreolische, wurde in der vorrevolutionären Zeit gehegt und gepflegt wie ein kostbarer Schatz, ist aber inzwischen aufgrund der bekannten Mangelsituation nur noch Fiktion und Nostalgie.

Was aber die kubanischen Hausfrauen nicht davon abhält, mit der Hauptzutat *no hay* (zu deutsch: gibt es nicht) so kreativ wie nur irgend möglich umzugehen. Auf Kuba ist es eine der Hauptaufgaben der Frau, dafür zu sorgen, daß es dem Göttergatten schmeckt. Wie sie das schafft, ist ihr Problem.

So sind zwischen Mangel und dem hohen Anspruch die waghalsigsten Kreationen entstanden, die wohl niemanden unbeeindruckt lassen werden. Ich habe schon in allen möglichen Hotels und Restaurants gegessen, auch in sehr guten *paladares*, aber zu Hause bei meiner Familie in La Lisa bei Havanna gibt es immer die frischesten und besten Mahlzeiten. Daß ich der Frau des Hauses beim Einkauf finanziell etwas unter die Arme greife, versteht sich von selbst. Daß sie dann aber nicht nur kocht, sondern beim Kochen all ihre Künste aufwendet, ebenso. Ihre Ehre steht nämlich auf dem Spiel.

In den gerade erwähnten Hotels und Touristenrestaurants bekommen Sie natürlich alles, was Sie haben wollen, vom Wiener Schnitzel bis zur Languste. Eine Mischung aus kubanisch, amerikanisch, international und was auch immer. Und das in Unmengen und bis zur Unkenntlichkeit verkocht und verbraten. Aber man bemüht sich. Und für den Durchschnittsgeschmack reicht die internationale Büffetpalette auch aus. Prost Mahlzeit, schlagen Sie ruhig zu, es ja *all inclusive*, alles im Pauschalpreis inbegriffen. Haben Sie gesehen, wie gerade dieser große Schwarze in Kelleruniform beim Abräumen der Teller die Reste Ihres Koteletts eingepackt hat? Er nimmt es für seine Kinder mit. Ich hoffe, es schmeckt ihnen trotzdem.

Eine Einladung zum Essen ist in Kuba eines der größten Komplimente, das man bekommen kann. Denn für den Einladenden ist es ein Drahtseilakt, dieses Essen zu organisieren und vor allem auch bezahlen zu können. Für den Gast entstehen dadurch ganz eigene Probleme: Wo liegt das richtige Mittelmaß zwischen vornehmer Zurückhaltung und herzhaftem Zugreifen? Esse ich zu wenig, könnte der Verdacht aufkommen, daß es mir nicht schmeckt. Esse ich zuviel, hat die Familie morgen nichts mehr übrig.

Ein Dummkopf und Narr, der jetzt in den Geldbeutel greift und bezahlen will. Natürlich ist jeder auf *dolares* angewiesen in Kuba, doch die Einladung zum Essen geschah aus Freundschaft, nicht aus Geldgier. Vergessen Sie das nie. Wenn Sie dennoch etwas geben wollen, geben Sie es ganz diskret in einem unbeobachteten Moment der Hausfrau und bezeichnen Sie Ihre Gabe als Zuschuß zu den neuen Schuhen der Tochter, zu ihrer Schuluniform, zu dem anstehenden Kauf einer Wasserpumpe oder was auch immer, aber nie zu dem köstlichen Essen, das Sie gerade genießen durften. Sonst beleidigen Sie sie.

Javier, mein kubanischer Freund – vielleicht haben Sie ihn schon vermißt –, hat mir zusammen mit seinem Nachbarn Antonio, den ich im Lauf der Jahre auch fest ins Herz geschlossen habe, eine wunderschöne Geschichte beschert, was das Essen und Essenseinladungen betrifft. Eine Geschichte, die sich in jenen Jahren abspielte, in denen ich noch der Meinung war, mich als Weihnachtsmann, als »Big Spender« profilieren zu müssen, wohl verliebt in die eigene Großzügigkeit und die Macht, diese Großzügigkeit – den *dolares* sei Dank – auch umsetzen zu können. Wir kauften auf dem Markt eine Unmenge von Köstlichkeiten ein, erstanden sogar eine Schweinehälfte. Denn Javier wollte mir – natürlich auch ein wenig mit Blick darauf, auf diese Weise zu einem opulenten Mahl zu kommen – demonstrieren, wie gut seine Frau Mercedes kochen kann. Sie konnte und kann es wirklich, ich erkläre es hier an Eides Statt, und ihre Küche ist die beste Adresse in ganz Kuba.

Also wurde aufgetischt: köstliche geröstete Bananenscheiben, gegrilltes Gemüse und gegrillte Früchte, für die es keinen deutschen Namen gibt, Reis mit raffiniert gewürzten Bohnen, schwarz und weiß, raffiniert zubereitetes Maismehl und etliches mehr. Natürlich fettes Schweinefleisch. Sogar Salat, was in Kuba normalerweise nicht üblich ist. Nur Fisch gab es nicht. Javier und seine Familie halten, wie übrigens viele Kubaner, Fisch für Katzenfutter und daher als für die Küche ungeeignet.

Unser Nachbar Antonio störte im richtigen Moment. Natürlich mit dem Hinweis, er wolle nicht beim Essen stören und werde sofort wieder gehen. Mein Status in der Familie war damals schon so gefestigt, daß ich mir kleine Frechheiten erlauben konnte: »Antonio, Platz, kusch, sitzen, essen. Das ist ein Befehl des *comandante*!«

»Das ist sehr freundlich, danke für die Einladung, aber ich habe gerade so viel gegessen, daß ich keinen Bissen mehr runterkriege!«

Die Standardausrede für einen höflichen Kubaner, wenn er spontan zum Mitessen eingeladen wird. Er weiß nämlich genau, wie teuer und wertvoll ein Mittagessen ist. Eigentlich kann sich kein Durchschnitts-Kubaner leisten, jemanden einzuladen. Aber das sollte ich erst später erfahren.

»Antonio, willst du Mercedes beleidigen? Schau doch, was sie gekocht hat! Da können wir alle satt werden! Also setz dich hin!«

Erst als der Hausherr in mein Drängen einstimmte, nahm Antonio Platz und schlug zu wie jemand, der kurz vor dem Verhungern war.

Nach dem Essen bringt die Hausfrau den Kaffee, so ist es üblich, so soll es sein. Beim Kaffee, wieder einmal eine unverständlich teuere Ware im Kaffeeland Kuba, handelt es sich um eine übersüßte Köstlichkeit in kleinen Tassen, vergleichbar mit dem italienischen Espresso, zumindest der Menge nach. Meist werden die Bohnen und der Zucker zusammen geröstet, und das unmittelbar vor dem Trinken. Die Zubereitung unterliegt ähnlich geheimnisvollen Regeln wie die der Bohnensuppe oder die der italienischen Nudelsoße. Als Gast muß man den Kaffee in den höchsten Tönen loben. Mit seinem Gast Kaffee trinken ist im Normalfall der Gipfel der Gastfreundschaft. Mehr geht nicht, mehr ist ohne ein größeres Loch im Familienbudget nicht machbar.

Wir loben also den Kaffee, die Hausfrau beurteilt das Verhältnis zwischen verzehrter und für morgen übriggelassener Speisenmenge positiv, und Antonio kann sich nach dem dritten Verdauungsrum nicht mehr zurückhalten: »Javier, seit wir Kinder sind, sind wir Nachbarn.«

»Das ist gut so, ich bin gerne dein Nachbar.«

»Sind wir Freunde?«

»Wenn wir zwei nicht Freunde sind, wer dann?«

»Dann darf ich dir auch die Wahrheit sagen.«

So oder so ähnlich fangen übrigens alle bedeutungsschwangeren Gespräche zwischen Kubanern an, denn die Kubaner gehen sehr höflich miteinander um. Unsere lockere Art des Scherzens, des Sich-gegenseitig-auf-den-Arm-Nehmens, der liebevoll gemeinten Ironie verstehen sie nicht, ja empfinden sie meist als Respektlosigkeit. TV-Lästermaul Harald Schmidt oder die Macher der Satirezeitschrift *Titanic* würden mit ihrer speziellen Art von Humor in Kuba auf Unverständnis stoßen.

Antonio will also seinem Nachbarn Javier die Wahrheit sagen: »Javier, heute esse ich das erste Mal in deinem Haus, es ist das erste Mal, daß du mich zum Essen eingeladen hast, das erste Mal seit sechsunddreißig Jahren.«

»Das hat damit zu tun, daß wir heute genug zu essen haben, weil unser deutscher Freund mit uns auf dem Markt war und den Einkauf bezahlt hat.«

»Das habe ich mir natürlich schon vorher gedacht, aber du hast die Einladung unterstützt. Und dafür

danke ich dir. Es war das erste Mal seit sechsunddreißig Jahren, daß ich bei dir essen durfte.«

Javier macht schlagfertig das Beste aus einer Situation, die allzu feierlich zu werden droht:

»Dann mußt du heute so viel essen, daß es für die
nächsten sechsunddreißig Jahre reicht. Guten Appetit!«

Antonio, unser Nachbar in La Lisa bei Havanna,
kann inzwischen regelmäßig den Nutzen des Tourismus genießen. Ohne ihn fängt, wenn ich dort bin, kein
Abendessen mehr an.

Schon seit langem müssen sich Kuba-Freunde darüber klar sein, daß sie hin und wieder kräftig zupacken
müssen, auch finanziell, und das nicht nur im Rahmen
eines Lebensmitteleinkaufs für die Küche. Immer wieder einmal wird man sich die Frage stellen, wie echt
eine Freundschaft mit Kubanern sein kann, die hin
und wieder auch finanziellen Einsatz fordert, von den
aktuellen Umständen her fordern muß. Weil es sonst
kein Weiterleben gibt. Doch hört, zumindest nach unserem Verständnis, bei Geld nicht jede Freundschaft
auf? In Kuba ist das anders. Da fängt hier der Freund-
schaftsbeweis erst an. Das muß man wissen und verstehen. Aber nach einer köstlichen Bohnensuppe mit
Reis im Familienkreis und vielleicht auch mit einem
sympathischen Nachbarn als Tischgast, der den Mut
gefunden hat, an diesem Essen teilzunehmen, haben
sich alle Fragen dieser Art ohnehin von selbst beantwortet.

Noch ein paar praktische Tips: Finger weg von den

so köstlich aussehenden und verführerisch duftenden Kleinigkeiten, die auf jedem Markt von fliegenden Händlern angeboten werden. Sie werden Probleme mit der Verdauung bekommen. Und machen Sie einen großen Bogen um kubanische Pizza. Die Kubaner lieben sie zwar, aber Sie werden sehnsüchtig an ihren Italiener zu Hause denken.

Cristal ist das beste Bier, das es auf Kuba gibt, erhältlich in Dosen, manchmal auch in Flaschen, und es wird immer eiskalt serviert. Es ist ein Leichtbier, steigt also nicht zu Kopf, schmeckt gut und trägt einem, wenn man eine Runde spendiert, durchaus Sympathie ein. Cola, Malta, Limonaden – vergessen Sie's! Mineralwasser gibt es in Dollar-Supermärkten, ebenso Fruchtsäfte, doch beide schmecken nicht.

»Es ist bitterer Wein, aber es ist unser Wein!« Was der kubanische Nationaldichter José Martí einst so schön formulierte, gilt heute noch. Besonders, was die Bezeichnung »bitter« angeht. Trotz aller eventuell vorhandenen nationalistischen Gefühle und aller Sympathie für Fidel oder die Kubaner sollten Sie einen großen Bogen um kubanischen Wein machen. Weinliebhaber finden aber in Touristenanlagen und städtischen Restaurants immer wieder einmal Weine aus Italien oder Spanien. Von korrekter Lagerung haben die Kubaner allerdings nicht sehr viel Ahnung – Skepsis ist also mehr als angebracht.

Der Rum ist in Kuba grundsätzlich empfehlenswert, natürlich nur in gesundheitlich verträglichen Mengen. Besuchen Sie einmal eine Rumfabrik, auch wenn es

Eintritt kostet, und lassen Sie sich die Materie ein wenig näherbringen. Rumfabriken gibt es überall auf der Insel, vor allem in den großen Städten. Ist doch Rum eines der gefragtesten Exportgüter Kubas.

Gefrühstückt wird in der kubanischen Normalfamilie so gut wie überhaupt nicht. Vielleicht gibt es ein altes Stück Brot, sparsam in Öl geröstet. Meist aber nur ein Täßchen Kaffee. Wohl dem, der ein bißchen Milch dazu hat, denn Milch ist Mangelware. Ich habe mich des öfteren gefragt, woher die Milch kommt, die es in »meiner« Familie zum Frühstück für uns Deutsche gibt. Bis ich herausgefunden habe, daß Familien mit Kleinkindern sparsame Zuteilungen erhalten. Natürlich erkundigte ich mich sofort, wie es in Sachen Milch für die Familie weitergeht, wenn die kleine Tochter das Alter erreicht hat, ab dem sie nicht mehr zuteilungsberechtigt ist. Die lachende Antwort: »Dann müssen wir eben ein neues Kind machen!«

Natürlich gibt es in Kuba auch Familien, allerdings wenige, in denen nicht so sparsam gewirtschaftet werden muß. Eine dünne Oberschicht hat sich gebildet, die auf welchen Wegen auch immer zu Wohlstand gekommen ist. In diesen Familien wird auch üppig für den Gast aufgetischt; es fehlt an nichts. Hier gilt als besondere Spezialität Dosengemüse und Fruchtsalat, ebenfalls aus Dosen, erhältlich nur im Dollar-Supermarkt.

Aber das beste Essen, den besten Kaffee, den besten Wein und den besten Rum finden Sie dort, wo ich Sie so gern hinschicken möchte. Das alles finden Sie am

Tisch einer x-beliebigen befreundeten kubanischen Familie, die gewissenhaft sparen und ganz genau kalkulieren muß und in der *no hay* die Hauptzutat jedes Gerichts ist. Sie werden Fusel als Delikatesse kredenzt bekommen, Sie werden Wein kosten, den es nach Richtlinien von Amnesty International eigentlich nicht geben dürfte. Und Sie werden sich trotzdem rundum so wohl fühlen wie im besten Restaurant der Welt.

El cubano

Gibt es ihn, *den* Kubaner? Zu dieser ewigen und schon leidigen Frage eine der schönsten Antworten, die ich je gelesen habe. Eine Antwort von Paul Watzlawick in seiner *Gebrauchsanweisung für Amerika*: »Die wirklich folgenschweren Fehlperspektiven, die das Zusammenleben der Nationen in irrationalster Weise vergiften können, sind ihrem Wesen nach von stereotyper Ähnlichkeit, werden aber immer ›den anderen‹ angelastet. Ein Buch wie das vorliegende ließe sich genausogut über die Europäer schreiben: Die Franzosen sind undankbar, grundsätzlich antiamerikanisch und denken hauptsächlich an *l'amour*. Die Schweizer sind peinlich sauber, produzieren Schokolade und Kuckucksuhren und sind auf diese einfache Weise zu den berüchtigten Gnomen von Zürich geworden … Jeder mir bekannte Witz über die Einfältigkeit und Langsamkeit der Friesen oder der Berner kursiert in den Staaten als Vignette ›typisch polnischer‹ Eigenschaften.« Und nun das wichtige Ergebnis dieser Ausführungen: »Je weniger man vom anderen weiß, um so überzeugter ist man, ihn zu kennen.«

Halt! Natürlich gibt es den typischen Kubaner genauso selten und genauso oft wie den typischen Deutschen oder Franzosen, aber, so wird jeder Schlaumeier sofort einwerfen, in diesem Fall ist doch alles anders, denn wir kennen ihn, den Kubaner. Und wie wir ihn kennen! Aus zahlreichen Filmen, Reportagen, Zeitungsartikeln, aus wunderbaren Musikstücken und, und, und. Wir sind informiert über Kuba, denn Kuba ist ein Medienereignis, Kuba ist »in«. Und wer schon in Kuba war, der kennt ihn erst recht. Er kennt ihn namentlich, den Kubaner, kennt dessen Frau und Kinder, Schwestern, Oma und Tante, und kann sich sofort ein Urteil erlauben, das auf das ganze Volk übertragen werden kann. Wirklich?

Edel sei *el cubano*, hilfreich und gut. Und so herzlich. Und so gastfreundlich. Und so musikalisch. Arm ist *el cubano*, arm aber glücklich. Was für ein Humbug!

Aber irgendwer muß doch all diese Bildchen für die Kuba-Romantiker gemalt haben. Machen wir uns also auf die Spurensuche und bringen Licht in das Dunkel der Vorurteile, die in diesem Fall ja fast alle schmeichelhaft sind. Würden sie nicht allzusehr an das Bild des sympathischen Wilden erinnern, der glücklich mit seinen Glasperlen spielt und Tag für Tag seine Ursprünglichkeit und seine naive Herzlichkeit zur Schau stellt, könnte man es eigentlich bei diesen Vorurteilen belassen. Ich Robinson – du Freitag. Läßt es sich für uns Romantiker mit einer solchen Vorstellung und Rollenverteilung nicht bestens leben?

Doch der kubanische Edelwilde Marke Freitag oder Winnetou existiert nicht. Weder mit noch ohne Gitarre. *El cubano* hat beim genauen Hinsehen seine Ecken und Kanten, sie liebenswerten Seiten und im gleichen Atemzug auch viel, was einen Europäer zur Verzweiflung treiben kann.

Also wer hat die Edelausgabe von *el cubano* geschaffen und ihren Ruf auf der Welt verbreitet? Sie werden es vielleicht erraten: Es war kein Geringerer als *el cubano* selbst.

Die Tugend der Gastfreundschaft wird nämlich in Kuba trotz aller organisatorischen und finanziellen Probleme ganz großgeschrieben. Sie wird sich nie darin erschöpfen, daß man Ihnen als Gast etwas zu essen oder zu trinken vorsetzt, sondern ist eine Art ganzheitliche Gastfreundschaft, die so weit gehen kann, daß man sich innerhalb der Familie dem Gast zuliebe sogar verstellt und Heiterkeit produziert, wo es eigentlich nichts zu lachen gibt. Das heißt, Familienzwiste – die auf Kuba genauso oft vorkommen wie anderswo – ruhen im Beisein des Gastes. Zerstrittene Brüder oder Schwestern werden wie auf Knopfdruck Arm in Arm für ein Foto posieren, werden mit Bekundungen ihrer Eintracht geradezu um sich werfen. Dieses Verhalten hat Tradition, gilt als minimale Höflichkeit, und es wird nicht nur Ausländern gegenüber geübt. Was natürlich zu Mißverständnissen führen kann.

Erst bei genauerem Hinsehen wird die Wahrheit hinter der sorgsam gepflegten Fassade erkennbar. Als Ausländer aber halten Sie sich bitte an die Spielregeln, tun Sie so, als hätten Sie nichts bemerkt, geben Sie den

Schauspielern das Gefühl, eine perfekte Vorstellung geliefert zu haben, und spenden Sie reichlich Applaus.

Es ist aber ein Irrtum, davon auszugehen, daß man darauf aus ist, Sie zu übertölpeln. Anders als in Ländern wie Thailand, in denen es darum geht, auf keinen Fall »das Gesicht zu verlieren«, will der Kubaner traditionsgemäß mit diesem Spiel nur erreichen, daß Sie als Gast unbehelligt bleiben von solchen Sorgen, daß Sie sich in seinem Haus, und sei es noch bescheiden, so wohl wie möglich fühlen. Die Ziege, deren Zubereitung eigentlich erst für den nächsten familiären Feiertag geplant war, nimmt schon ein Bad im Verdauungsrum, der Kaffee ist so süß wie nie – was haben da familiäre Zwistigkeiten zu suchen, die das Wohlbefinden des Gastes stören könnten? So und nur so darf man sich das kubanische Gastgeberverhalten erklären. *El cubano* ist nämlich der perfekteste Gastgeber der Welt.

Es gibt viele Familientragödien auf Kuba, und auch wenn nicht alle unmittelbar aus der fatalen wirtschaftlichen Situation entstehen, so haben sie doch oft noch indirekt damit zu tun. Wer hat das Recht, den jungen José mit der Moralkeule zu prügeln, wenn er, gerade frisch verheiratet und stolzer Vater einer wunderschönen Tochter, auf einmal gemerkt hat, daß die Touristinnen Gefallen an seinem drahtigen Körper gefunden haben? Und wenn er, natürlich zum Wohl seiner jungen Familie, aus diesen Versuchungen das Beste macht? Natürlich kommt ihm seine Frau früher oder später auf die Schliche, und natürlich wird sich ein

Drama abspielen, das seinesgleichen sucht. Wenn aber ein Gast zu Hause auftaucht, wird dieses Drama wie auf Knopfdruck eliminiert. Das verlangen Höflichkeit und Anstand.

Es ist wohl an der Zeit, einmal festzuhalten, was wir über *el cubano*, der ja durch fast alle Kapitel dieses Buches geistert, schon erfahren haben: Der typische Kubaner ist, den Umständen gehorchend, ein Großfamilienmensch, er beneidet die Touristen um ihren Wohlstand, er raucht gern Zigarren, ißt und trinkt gern zuckersüß, würde lieber in neuen Autos als in den von Ausländern so bewunderten alten Kisten herumfahren, hat deutliche Macho-Ambitionen, fühlt deshalb eine schier unerklärliche Affinität zu dem berühmten Amerikaner Hemingway, liebt und haßt den großen *comandante* Fidel gleichzeitig, verehrt aber, aus welcher politischen Ecke auch kommend, den Märtyrer Che Guevara, ist geradezu süchtig nach Musik, hat irgendeine Beziehung zur *santería*, ißt am liebsten Schweinefleisch mit schwarzen Bohnen und Reis, trinkt dazu, falls vorhanden, eiskaltes Bier und danach hoffnungslos übersüßten Kaffee, gibt dem Gast alles, was er hat. Aussagen, die erst einmal so festgehalten und unterschrieben werden können.

Nicht unterschrieben werden können dagegen die Behauptungen, *el cubano* sei stets bestens gelaunt, sei trotz seiner wirtschaftlichen Not rund um die Uhr glücklich, sei der sympathische Wilde mit Niveau, der nichts anderes zu tun habe als Ausländern wirkungsvoll zu demonstrieren, wie man richtig lebt.

Es wäre schön, wenn wir uns vom Zweckoptimismus der Kubaner etwas abschneiden könnten. Ein deutscher Familienvater, der unter beruflichen Schwierigkeiten leidet, fällt vielleicht in eine tiefe Depression. Während ein kubanischer, der am Montag noch nicht genau weiß, was er am Dienstag seinen Kindern zu essen geben soll, mit einem lapidaren »Es wird schon irgendwie weitergehen« ruhig schlafen kann. Denn Übung macht den Meister; und diese Situation hat er wahrlich oft genug geübt. Was uns noch lange nicht das Recht gibt, davon auszugehen, daß alle Kubaner auf diesem Weg ihre Probleme bewältigen können. Es gibt sehr viele harte Schicksale auf Kuba, viel Verzweiflung und Hoffnungslosigkeit, viele Fälle von Alkohol- und Drogensucht. Aber die anerzogene Höflichkeit von *el cubano* wird dafür sorgen, daß Sie als Reisender von all dem so wenig wie möglich erfahren werden. Und daß Sie das Bild vom edlen und ständig lachenden Kubaner mit nach Hause nehmen.

Ein ganz großes Drama spielt sich in einer kubanischen Großfamilie immer dann ab, wenn sich herausstellt, daß ein männliches Mitglied der Familie homosexuell ist. Homosexuelle Frauen werden gerade noch irgendwie akzeptiert; homosexuelle Männer müssen nach ihrem Outing mit Schikanen aller Art rechnen. Ein *maricon*, ein Schwuler, ist Abschaum. Es wird alles getan, um das Auftreten von Homosexualität innerhalb der Familie zu vertuschen, zu verleugnen, zumindest aber zu relativieren. Was nicht selten dazu führt, daß ein Schwuler oder eine Lesbe unter dem Druck der Familie eine Scheinehe eingehen muß, nur um den Schein zu wahren. Auch Fidel haßt vehement die Schwulen, was natürlich für Sexualforscher Anlaß zu etlichen Spekulationen bietet. Es ist bestimmt nicht leicht, in einem Macholand wie Kuba festzustellen, daß man ein *maricon* ist. *Maricon* gilt als eines der schlimmsten Schimpfwörter. Toleranz oder zumindest Gleichgültigkeit gegenüber den Homosexuellen gibt es nicht. Ein Mann muß seine Pflicht tun, muß eine Handvoll Kinder zeugen, muß der Frau jeden Tag zeigen, wer der Chef ist, muß das Geld nach Hause bringen – und er muß vor allem immer wieder seine Verachtung für die Schwulen ausdrücken. Wer Verständnis für Schwule zeigt oder auch nur annäherungsweise durchblicken läßt, setzt sich dem Verdacht aus, selbst einer von denen zu sein, die offenbar so verachtenswert sind.

Was natürlich dazu führt, daß alle Homosexuellen die Kunst der Verstellung erlernen müssen. Oft hört man daher Pauschalurteile wie: »Die können ja machen, was sie wollen, solange sie keine anderen Männer anstecken und solange sie nicht so hinterlistig sind, wie ich sie kennengelernt habe.« Womit eigentlich alles gesagt ist.

Umarmungen zwischen Männern sind also nur im Rahmen eines Begrüßungsrituals erlaubt, wenn man sich lange Zeit nicht mehr gesehen hat. Küßchen rechts und Küßchen links sind dagegen Pflicht bei allen, die sich sympathisch finden, auch wenn die letzte Begegnung erst eine halbe Stunde zurückliegt.

Kuba ist eine Bussi-Gesellschaft; Mann küßt Frau, Frau küßt Frau, die Enkelin küßt Oma und Opa und das so oft und herzlich wie möglich. Doch das Bussi von Mann zu Mann birgt Dynamit in sich. Denn wer will schon gern als *maricon* verdächtigt werden.

Eine Möglichkeit, sich als »richtiger« Mann zu beweisen, bietet (wie hierzulande auch), der Sport. Kubas Nationalsport ist Baseball, also eine hundertprozentig männliche Domäne, wenn auch eine von den Amerikanern übernommene Leibesertüchtigung. Das Thema *béisbol* ist Gesprächsstoff Nummer eins. Überall, ob an Bushaltestellen oder in Cafés, ob an Lebensmittel-Verteilerstellen oder in Dollar-Supermärkten. Im *béisbol* zählt Kuba zur Weltklasse. Und wenn die kubanische Mannschaft den Amis wieder einmal gezeigt hat, was sie noch lernen können, dann ist das soziale Wohlbefinden auf der Insel wiederhergestellt, auch dann, wenn es gerade wieder einmal neue Sparmaßnahmen zu ertragen gilt. Das Thema Politik rangiert nach *béisbol* und Boxen nur an dritter Stelle.

Und weil der Macho ein Macho sein muß, dürfen auch die Hahnenkämpfe auf Kuba nicht fehlen. Lange Zeit waren diese oft sehr blutigen Spektakel verboten, fanden aber in geheimen Arenen weiter statt. Vor allem auch deshalb, weil damit Wetten um oft abenteuerliche Summen zu gewinnen waren. Die Hahnenkämpfe werden auf Kuba derzeit wieder geduldet; die Wetten um Geld allerdings nicht; sie müssen im verborgenen abgewickelt werden. Was einen echten Macho nicht stört, sondern den Reiz derartiger Veranstaltungen nur noch erhöht. Ihr Besuch kann das Bild vom sympathischen Wilden wohl auf nachhaltigste Weise zerstören. *El cubano* hat nämlich Züge an sich, die wir als Schwärmer in Sachen Zuckerinsel lieber nicht kennenlernen möchten. Oder etwa doch? Im Zusammenhang mit den oft sehr brutalen Hahnenkämpfen gleich ein präventiver Tip: Eine Diskussion darüber ist genau so sinnvoll und erfolgversprechend wie das Gespräch mit einem Spanier über Stierkämpfe. Lassen Sie's also gut sein.

Aber *el cubano* kann auch auf sehr sympathische Weise um die Anerkennung seiner Männlichkeit kämpfen, ohne auf einen kleinen Lederball einzuschlagen und ohne Hahnenblut zu vergießen. Er muß auch nicht im Rahmen irgendwelcher Wetten Haus und Hof aufs Spiel setzen. *El cubano* spielt nämlich leidenschaftlich gern Domino. Manchmal zwar auch um geringe Geldbeträge, meistens aber lediglich um Ruhm und Ehre. Und das ist viel. An jeder Straßenecke, in jedem Vorgarten, in jedem Wohnzimmer wird so oft wie möglich Domino gespielt, manchmal auch mit selbstgezeichneten Brettern und selbstgebastelten Steinen. Es sind meistens die Männer, die sich diesem Geistessport hingeben, und sie tun das mit einer Vehemenz und einer Beharrlichkeit, als hinge ihr Leben davon ab. Es zeugt also von großer Einfalt, wenn Sie glauben, es mit diesen Meistern des täglichen Dominospiels aufnehmen zu können. Doch der Versuch ist keineswegs strafbar; man wird Sie gern als Mitspieler akzeptieren. Und wenn Sie ein paar *dolares* aufs Spiel setzen, dann sowieso. Daß Sie Ihr Geld aber im Handumdrehen los sind, ist ein ungeschriebenes Gesetz. Gegen diese Übermacht aus täglicher Übung und geistiger Beweglichkeit haben Sie nicht die geringste Chance.

Daß der Macho nichts mehr verehrt als seine Mama, das ist nicht nur ein für Kuba typisches Syndrom. Sein Auftreten ist vielmehr überall dort verzeichnet worden, wo der Machismo ungehindert Blüten treiben kann. Um so wichtiger ist es zu wissen, daß es eine der schlimmsten Beleidigungen ist – und die lernt man ja zuallererst in einer fremden Sprache –, einfach verächtlich *tu madre* auszustoßen. Dabei heißt *tu madre* der wörtlichen Bedeutung nach erst einmal nicht mehr als »deine Mutter«. Was aber so zu verstehen ist, daß der beabsichtigte Satz damit nur angedeutet, aber noch lange nicht vollendet ist. Den vernichtenden Rest des Satzes muß sich der andere selbst konstruieren, und das ist nicht allzuschwer: »*Tu madre* ... ist die schlimmste Hure, die je in Havanna gelebt hat«, »*Tu madre* ... ist schlimmer als eine läufige Hündin« oder »*Tu madre* ... ist der schlimmste Abschaum aus dem miesesten Puff in Santiago.« Und so weiter und so fort. Gehen Sie also bitte, und seien Sie noch so wütend, mit den beiden kleinen Wörtern *tu madre* so sorgfältig und so sparsam wie möglich um.

Allgemein verträglicher sind da schon Schimpfwörter wie *cojones*, sprich »kochones«, was auf deutsch zwar nicht mehr als Hoden heißt, aber in Kuba gebraucht wird wie »verdammte Scheiße«, warum auch immer. Und wer beim Autofahren Ärger über einen anderen Verkehrsteilnehmer empfindet, der schreit in seinem eigenen Fahrzeug *»comemierda!«* vor sich hin, was soviel bedeutet wie »Scheiße-Fresser«. Andere Länder, andere Schimpfworte.

All diese Schimpfworte sind nicht ganz so lustig, wie man beim ersten Lesen vermutet. Es gibt zahlreiche Nuancierungen, die für uns nicht nachvollziehbar oder gar erlernbar sind, und es gibt zwischen diesen deutliche Grenzen, die im Zweifelsfall darüber entscheiden, ob unsere verbalen Angriffe, wie aus dem Nichts, Gewalt heraufbeschwören. Selbst die deutlich sichtbare Tatsache, daß Sie Ausländer sind, wird Ihnen in derartigen Situationen nicht mehr helfen. Und das will etwas heißen.

Natürlich wollen Sie nun wissen, warum ich Sie dennoch mit derartigen verbalen Entgleisungen vertraut gemacht habe. Es geht dabei um die Definition des kubanischen Machismo, die Beschreibung einer der schlimmsten Latinokrankheiten schlechthin.

Was uns verblüfft: Außerhalb der Ehe sind Frauen durchaus gleichberechtigt. Sie können hohe Positionen in der kubanischen Berufswelt einnehmen. Krankenhäuser und Presseorgane leiten, eine Schar von männlichen Untergebenen befehligen. Niemand findet das auf irgendeine Art befremdlich. Hier hat die kommunistische Erziehung einiges in Bewegung gebracht. Es ist für eine Frau auch keine Schande, ohne Ehemann zu leben oder ein Kind aufzuziehen, ohne verheiratet gewesen zu sein. Niemand wird deswegen tuscheln oder seltsame Bemerkungen machen. Frau Doktor, Frau Hotelchefin und Frau Chefredakteurin stoßen jedoch an Grenzen, wenn sie verheiratet sind. Sie lenken zwar das Familiengeschick, müssen sich aber zumindest nach außen hin dem Gatten unterordnen. Ihre Emanzipation geht so weit, daß sie neben ihrer verantwortungsvollen beruflichen Aufgabe zusätzlich die der Haushaltsführung übernehmen dürfen. Denn hier beginnt ein Terrain, auf dem ein Mann, also ein »richtiger« Mann, nicht den kleinsten Finger rühren darf. Es mag drei oder vier Jahre her sein, da hat Julio, ein Bekannter von mir, Kaffee gekocht. Noch heute wird davon gesprochen. Und als ich eines Tages das Abendessen für unsere Großfamilie zubereiten wollte, um die Hausfrau zu entlasten und weil mir gerade der Sinn danach stand, gab es einen Massenauflauf in dem kleinen Häuschen in La Lisa, weil jedes Kind, jeder Opa, jede Oma, jeder Nachbar sehen wollte, wie ungeschickt sich ein Mann in der Küche anstellt. Das Gelächter über meine gut gemeinte Aktion klingt mir heute noch in den Ohren. (Dabei bin ich kein schlechter Koch.)

Es ist üblich in Kuba, daß frisch verheiratete Paare bei den Eltern des Mannes unterkommen, manchmal auch bei den Eltern der Frau. Man bezieht dann bei ihnen ein Zimmer oder baut sich, wenn es technisch möglich ist, ein zusätzliches Stockwerk auf das bereits vorhandene Domizil. Das Zusammenleben in Großfamilien ist nicht ganz so romantisch und erstrebenswert, wie sich das manchmal anhört. Es gibt strenge

Hierarchien; jeder hat seinen Platz, den er nicht ungestraft verlassen darf. Die Großfamilie ist aber auf Kuba ein wirtschaftlich bedingtes Muß, denn allein kommt man kaum über die Runden. Die staatlichen Rentenbeträge sind nicht der Rede wert; ein neues Haus ist finanziell geradezu unerschwinglich. Es gibt zwar auch Mietwohnungen, doch die monatliche Fix-Belastung verbietet oft schon den Gedanken daran.

Also geht man gemeinsam durch dick und dünn. Eine Situation, die geradezu nach einem Chef schreit, nach einem *comandante*. Und wer könnte das anderes sein als der lauteste, kräftigste und beeindruckendste Macho. Eine Position, die manchmal vom Großvater besetzt wird, oft aber vom ältesten Sohn. Er kommandiert und herrscht. Natürlich nur dann, wenn seine Mama und seine Frau ihn gewähren lassen. Kubanisches Sprichwort: Der Mann im Haus bin ich, solange meine Frau nicht da ist. Ein schlauer Familien-*comandante* baut diese Faktoren in sein Handeln ein, bespricht schon im Vorfeld mit seinen Frauen die Marschrichtung, herrscht und waltet dafür dann um so ungebremster.

Doch der kubanische Macho, der zu Hause Frauen und Kinder kommandiert, Hunde prügelt und Hühner schlachtet, wird auf einmal zur kleinsten Maus der Welt, wenn er, aus welchem Grund auch immer, mit Behörden in Kontakt treten muß. Das vierzigjährige resolute Regime hat ihm nämlich beigebracht, daß jeder, der in einem amtlichen Büro sitzt, vielleicht sogar eine Uniform sein eigen nennen kann, stärker ist als er.

Mehr als schüchtern betritt er ein staatliches Büro, stellt sich vorher stundenlang klaglos und geduldig in einer endlosen Schlange an, kleidet sich dazu so sorgfältig wie möglich, achtet aber streng darauf, nichts zu unternehmen, was auch nur den Hauch eines Bestechungsversuches an sich haben könnte. Wer eine Zigarette auf dem Schreibtisch liegenläßt, vielleicht sogar einen Kugelschreiber, der hat einen Bestechungsversuch unternommen. Was auf beiden Seiten des amtlichen Schreibtisches zu großen Problemen führen kann.

Dabei geht es im Regelfall nur um eine kleine Bescheinigung für eine noch kleinere Kleinigkeit, im extremsten Fall um ein Papier, das einen kurzen Auslandsaufenthalt ermöglicht. Doch dieses Papierchen, so geringfügig es uns auch erscheinen mag, erhält man nur auf einem langen und umständlichen Weg.

Javier und ich wanderten in Havanna immer wieder geduldig ins Büro für Paßangelegenheiten, damit er mich in Deutschland besuchen konnte. Er benötigte dafür eine *carta blanca*, ein Ausreisepapier, zu dessen Ausstellung die Zustimmung von mindestens neunhundertvierundzwanzig untergeordneten Behörden notwendig ist, dazu ein beachtliches Bündel an *dolares*. Immer, wenn ich die Geduld zu verlieren drohte, wies mich Javier in die Schranken, beschwor mich geradezu, nichts zu sagen, was dem freundlichen, lammfrommen Ton zuwiderlief. »Unsere Behörden funktionieren anders als die in Deutschland«, hat er immer wieder gesagt, »also sei ruhig und bleibe vornehm.«

Die Erfüllung seiner Bitte fiel mir immer schwerer, da ich den Eindruck hatte, die Beamtin hatte zwar alle neunhundertvierundzwanzig Stempel beisammen, wollte jedoch etwas von uns, was sie noch nicht so recht auszudrücken vermochte. Als ich schließlich kurz davor war, gegen besseres Wissen den Amtsvorsteher, die kommunistische Partei und Fidel höchstpersönlich anzuschreien, rückte die Beamtin endlich mit der Information heraus, auf die wir schon so lange gewartet hatten. Wie beiläufig erwähnte sie, daß sie Schwierigkeiten damit hätte, einen alten Kühlschrank in das weit entfernte Haus ihrer lieben und bedürftigen Mutter zu transportieren.

Javier und ich, wir hatten schon immer ein Herz für liebe und bedürftige Mütter. Die Entscheidung, das Problem des Kühlschrank-Transportes selbstlos und ohne jeden Hintergedanken in unsere tatkräftigen Hände zu nehmen, war binnen Sekunden gefallen. Wir brauchten uns nur kurz anzuschauen. Endlich eine Information, mit der wir etwas anfangen konnten: Kühlschrank-Transport gegen Stempel. Damit kann man doch leben.

Leider freute sich Javiers Bekannter, den wir mit dem Transport beauftragten, dermaßen über den ihm anvertrauten Auftrag, daß er sich erst einmal betrinken mußte, den Zettel mit den entscheidenden Adressen verlor und so natürlich für amtliche Verstimmung sorgte. Daß wir den letzten Stempel dennoch erhalten haben, grenzt an ein kleines Wunder.

Was von außen als allgemeiner Schlendrian erscheint, liegt zum Teil in den Tücken des Systems begründet. In Kuba steht, freilich unsichtbar, auf jedem Schreibtisch ein Schild mit der Aufschrift: »Wer arbeitet, macht Fehler. Vermeidet Fehler.« Was, und daran sollten wir tüchtigen Deutschen immer denken, weniger mit Bequemlichkeit als mit Vorsicht zu tun hat. Jeder der faxt, stempelt oder gar unterschreibt, hinterläßt eine Arbeitsspur, die nachvollziehbar und damit auch kontrollierbar ist. Vorgesetzte und auch neidische Kollegen können damit einem ungeliebten Zeitgenossen ein Bein stellen. Oft drängt sich der Eindruck auf, daß der Kubaner 90 Prozent seiner Arbeitskraft darauf verwenden muß aufzupassen, daß er seinen Arbeitsplatz nicht verliert. Jede Handlung muß genau überlegt, jede Aktion mindestens durch zwei Vorgesetzte abgesichert werden. Wobei man sich natürlich vorher erkundigen muß, ob die betreffenden Vorgesetzten bei ihren Chefs noch gute Karten haben oder ob schon an ihrem Stuhl gesägt wird. Beziehungen sind alles auf Kuba.

So ist durch das kommunistische Kontrollsystem mit der Zeit eine angespannte Atmosphäre entstanden, die in vielen Bereichen zu schleppender Langsamkeit führt. Die Angst vor Fehlern und vor Kollegen oder Vorgesetzten, die diese Fehler eines Tages aufdecken könnten, lähmt die Effektivität. Was zum Beispiel im Bereich der Medizin geradezu fatale Folgen mit sich bringt. Die kubanischen Ärzte gehören zu den besten der Welt, ihre Forschungsergebnisse sind sensationell. Doch leider werden diese Forschungen nur in seltenen Fällen schriftlich fixiert. Es könnte sich ja jemand auf Fehlersuche machen.

Wer energisch durchgreift, macht sich unbeliebt, angesagt ist vielmehr das Versteckspiel, etwa als unser Nachbar Antonio aus La Lisa bei Havanna versucht hat, für mich und meine Lebensgefährtin verbilligte Eintrittskarten für die Tropicana-Show zu bekommen. Er war befreundet mit einem Mann, der den Manager des Tropicana sehr gut kennt, aber der war einfach nicht erreichbar. Die daraus folgenden Erklärungen, Hinhaltungen, vagen Zusagen und Vertröstungen zogen sich über Tage hin.

Umgekehrt gilt nun die Regel: Schuld hat immer das System. Wenn ein Kubaner nicht zur Arbeit gehen will, behauptet er einfach, der Bus sei nicht gekommen, das Wetter sei zu schlecht gewesen oder die Wasserpumpe in seinem Haus habe dringend der Reparatur bedurft. Alles Ausreden, die salonfähig sind und mit denen er weiterhin diesen oder jenen Posten bekleiden darf.

All das sind bewährte Verhaltensmuster, die sich aus unserer Sicht nur allzu leicht kritisieren und anprangern lassen. Die aber im Laufe von vierzig Jahren kommunistischer Herrschaft erlernt wurden wie bei uns das Vertrauen auf einen humanitären Staat, auf Krankenkasse und Rente.

Rafael ist ein schlauer Kopf. Deswegen arbeitet er im Tourismus, ist Fremdenführer. Wir treffen uns immer wieder, wie von höherer Hand geleitet. Eines Tages trafen wir uns auf Cayo Coco, einer Halbinsel mit einem der schönsten Stränge Kubas, wo er gerade eine Gruppe trink- und badefreudiger Italiener betreute. Sie plätscherten alle selig im türkisblauen Wasser, während wir an einem schattigen Plätzchen über weltbewegende Wahrheiten diskutierten. Bis ein stattlicher Italiener aus den Wellen stieg, um wie aus dem Nichts und im Stil einer heiligen Prophezeiung Rafael seine neuesten Erkenntnisse zu präsentieren: »Heute acht Dollar als Monatsgehalt, dann zehn und dann zwölf. Nur so geht's. Das ist das Rezept, mit dem Kuba überleben wird!« Rafael dankte ihm herzlich für den wertvollen Hinweis. Die Begegnung mit Touristen, die in dieser Weise über Kubas Zukunft nach Castro spekulieren und alle möglichen Patentrezepte für heute, morgen und übermorgen parat haben, gehört zu seinem beruflichen Alltag.

Rafael ist dunkelbraun bis schwarz, Javier ist spanisch-braun, Antonio ist schwarz wie die Nacht. Javiers Mutter ist gelb wie eine Chinesin, seine ältere Tochter ist ebenfalls weiß bis gelb, seine jüngere dunkelbraun. Was ihr den Spitznamen *negra*, die Schwarze, eingebracht hat. Doch niemand in Kuba käme darum auf die Idee, daß Javiers jüngere Tochter von einem freundlichen schwarzen Nachbarn stammen könnte. Gloria ist eine *mulata*, ihr Mann ist *negro*. Die gemeinsame Tochter ist aber hellbraun bis weiß. Hat Glorias Mann Grund zur Eifersucht? Bestimmt nicht. Die kubanische Rassenmischung ist wohl einzigartig auf der Welt. Immer wieder schlagen Gene der Groß- oder Urgroßeltern durch, mit einer unkontrollierbaren und vor allem unvorhersehbaren Spontaneität.

El cubano hat tatsächlich von allen ethnischen Gruppen das Beste mit auf den Weg bekomme. »Wir sind alle Mischlinge«, tönte einst Fidel Castro mit einem demonstrativ zur Schau getragenen Stolz und wollte damit eine Gleichheit und Brüderlichkeit herstellen, die es wohl nur im sozialistischen Machtbereich gibt.

Tatsache aber ist, daß *el cubano* sich dennoch gern in seinen eigenen Kreisen bewegt. Weiß paart sich also meistens mit Weiß, Schwarz mit Schwarz. Zahlreiche Ausnahmen bestätigen die Regel. Gibt es Rassismus auf Kuba? Ja und nein. Vom Gesetz her darf es ihn nicht geben. Der Alltag sieht aber so aus, daß es meist die hellhäutigeren Inselbewohner sind, die an begehrte Jobs herankommen. Den Bewohnern des Ostens der Insel, also jenen in der Gegend in und um Holguín, sagt man sogar einen zwar verdeckten, aber ständig präsenten Rassismus nach.

Zwischen der Ostmetropole Holguín und der Hauptstadt Havanna im Westen besteht übrigens ein ähnlich freundschaftliches Verhältnis wie zwischen Ostfriesland und Bayern oder wie zwischen Ost- und Westdeutschland. Man macht seine Witze übereinander, manchmal derbe Scherze, die bis an die Schmerzgrenze gehen, wobei alle Geschmacklosigkeiten erlaubt sind. Das werden Sie, falls Sie Spanisch können, auf Ihrer Rundreise sehr schnell bemerken.

Ach ja, spanische Sprachkenntnisse. Sie sind sicherlich von unschätzbarem Nutzen auf Kuba. Doch wer frisch aus dem Volkshochschulkurs kommt, stolz auf seine ersten Redewendungen ist, der wird sein blaues Wunder erleben. Denn sogar waschechte Spanier haben Probleme damit, die Kubaner zu verstehen, also geraten Sie nicht in Verzweiflung. *El cubano* spricht nämlich so schnell wie ein Maschinengewehr, hat zudem noch jede Menge Spitzfindigkeiten parat, um Ihnen das sprachliche Verständnis so schwer wie möglich zu machen.

Als erstes vergessen Sie den Buchstaben »s«. Es gibt ihn nicht, es darf ihn nicht geben. Und wenn doch, dann wird er in einer Geschwindigkeit ausgesprochen, daß er für unsereins nicht mehr wahrnehmbar ist. *Escuela* (Schule) heißt also »ekuela«, *pescado* (Fisch) schnell und prägnant »pekado« und so weiter und so fort.

Und dann gibt es noch die pfiffige Verwandlung eines »r« in ein »l«, immer dann, wenn es am Ende eines Wortes steht. *Amor* (Liebe) wird zu »amol«, *major* zu »majol«. Sie finden diese Eigenart besonders in und um Santiago, aber auch in Havanna.

Eine fast normale Sprachregelung ist die Aussprache des »v« als »b« und die des geschriebenen »b« als »w«. Der Cuwaner aus Habana liebt die Musik der Gruppe Los Ban Ban.

Darüber hinaus gibt es viele Redewendungen, die *el cubano* immer nur saisonweise schätzt und pflegt, also typische Modeerscheinungen. Sie ändern sich so schnell wie das Wetter; und ich habe mir sagen lassen, daß ein Kubaner, der nach einiger Zeit im Ausland nach Hause zurückkehrt, oft Schwierigkeiten damit hat, sich dem aktuellen Sprachduktus anzupassen.

Aber keine Sorge. Niemand wird von Ihnen erwarten, daß Sie perfekt Spanisch sprechen oder die kubanische Variante des Spanischen beherrschen. *El cubano* wird Sie stets in all Ihren Sprachbemühungen unterstützen, auf Wunsch sogar korrigieren und allein die Tatsache, daß Sie sich um die Landessprache bemühen, als Kompliment auffassen. Die typisch deutsche Unart, im Gespräch mit Ausländern die eigene Sprache zu verstümmeln, werden Sie aber auf Kuba nicht finden. Man wird Ihnen zuliebe Sätze vereinfachen, langsamer sprechen, auch des öfteren wiederholen, aber »Du wollen essen?« und »Dir gefallen Kuba gut?« gibt es nicht.

Als Reisendem steht es Ihnen gut an, auf Kuba mit Komplimenten nicht sparsam zu sein. Denn *el cubano* ist sehr höflich, fast schon zurückhaltend, wenn wir einmal von jenen fehlgeleiteten *Hola amigo*-Exemplaren absehen, von denen im Eingangskapitel die Rede war. Die so oft zitierte grenzenlose Gastfreundschaft müssen Sie sich durch respektvolles Interesse verdienen; und auch eine richtige und vielleicht sogar über Jahre dauernde Freundschaft mit einem Kubaner wird Ihnen nicht so ohne weiteres in den Schoß fallen.

Sehr wichtig ist, besonders bei ersten Einladungen, auch Ihre äußere Erscheinung. Es müssen nicht unbedingt Schlips und Kragen sein, aber in Bermudashorts und Sandalen sollten Sie nicht in ein Restaurant gehen. Auch nicht zu einer Einladung zum Essen bei

Leuten, die Sie noch nicht so gut kennen. Die Kubaner haben sich zwar daran gewöhnt, daß die Ausländer herumlaufen, wie sie wollen, und daß es ihnen ständig zu heiß ist – daß man ihnen also verzeihen kann. Viele junge Leute versuchen sogar, die Ausländermode, die irgendwo zwischen Strandlatschen und Hawaiihemd angesiedelt ist, so gut wie möglich zu imitieren. Aber auch diese werden sich »anständig« anziehen, wenn sie eingeladen werden. Niemand wird etwas sagen, wenn Sie als Ausländer das nicht tun. Aber wer genau hinschaut, erkennt an den Blicken der Einladenden, wenn er *underdressed*, also *en candela* ist.

Die Höflichkeit der Kubaner ist sprichwörtlich. Sie werden über ihre Witze lachen, auch wenn sie sie nicht verstehen, sie werden stets alles tun, damit es so aussieht, als sei alles wunderbar. Das geht so weit, daß sie bei einem Konzert oder im Theater selbst dann Beifall klatschen, wenn ihnen die Darbietung überhaupt nicht gefallen hat. Schließlich wollen sie ja nicht, daß die Herren und Damen Künstler sich unwohl fühlen.

Erst im Lauf der Zeit kann aus Höflichkeit Freundschaft werden. Der Schlüssel dazu heißt dann, wenn der schmucke Mantel des guten Benehmens nicht mehr nötig erscheint, grenzenlose Offenheit, und kommt damit fast einem Therapieangebot gleich. Dann darf man lachen oder weinen, je nachdem, wonach einem zumute ist, wütend oder auch unbeherrscht zornig sein und vor allem auch Zuneigung und Herzlichkeit zeigen, in Worten, Gesten und Taten. *El cubano*, mit all seinen Ecken und Kanten, die unsereins oft zum Wahnsinn treiben können, wird diese grenzenlose Offenheit registrieren und beantworten.

Ein Nachwort

Sie waren doch schon so oft in Kuba, ich habe etliche Ihrer Artikel gelesen und auch Ihre Dia-Show gesehen – können Sie mir nicht ein paar Tips geben?«

»Fahren Sie einfach drauflos, dann sehen Sie alles. Und noch einiges mehr.«

»Was denn zum Beispiel?«

»Alles. Kuba ist ein Mysterium, ein Abenteuer noch dazu. Mein Tip ist: Machen Sie Ihre eigenen Erfahrungen.«

Doch der Anrufer zeigt sich hartnäckig: »Was machen Sie denn so, wenn Sie nach Kuba fahren? Was haben Sie das letzte Mal erlebt?«

»Oh, sehr viel. Ein Medikament gegen Diabetes für unsere kubanische Mama hat sehr gut angeschlagen, zum Glück habe ich ihr gleich zehn Schachteln mitgebracht. Dayana, meine neunjährige Patentochter, hat eine Eins in Englisch bekommen. Die ganze Familie ist stolz. Der Hund des Onkels ist leider gestorben, weil wir nirgends Antibiotika auftreiben konnten, nicht einmal auf dem Schwarzmarkt. Mein kubanischer Freund Javier hat wieder Kontakt mit seiner verschollen geglaubten Tochter aus Magdeburg, sie ist inzwischen neunzehn und will sogar zu Besuch kommen, was alle riesig freut. Antonio hat ein neues Fahrrad, und für Leyanis, die kleine Schwester von Dayana, *la negra*, konnten wir auf ein paar Umwegen den Stoff für die fällige Schuluniform auftreiben. War gar nicht so schwierig, wie wir gedacht hatten. Mein Freund Martin, der das erste Mal mitgekommen war, hat gleich in den ersten beiden Tagen einen Skorpion und eine Vogelspinne gesehen – hat sich dennoch erstaunlich tapfer gehalten. Ansonsten war alles wie immer. Wir haben viel zusammen gelacht, waren sooft wie möglich in Kompaniestärke am Strand und haben uns wohl gefühlt. Natürlich muß ich immer noch jeden Tag mit meiner schulpflichtigen Patentochter Dayana um Punkt acht Uhr morgens in der Schule die Nationalhymne über mich ergehen lassen, weil Dyana ein bißchen mit ihrem deutschen Onkel angeben will, doch damit kann ich inzwischen leben. Juan und seine Frau Chichi haben uns zu Ehren ein wundervolles Fest mit köstlichem Fisch veranstaltet, von dem wir heute noch sprechen. Doch das schönste Fest entstand ganz spontan, als zum x-ten Mal der Strom ausfiel.«

Für mich ist Kuba schon lange vom Reiseland zu einem Platz auf dieser Welt avanciert, auf dem es sich leben läßt mit Bekannten und Freunden. Was an sich nicht unbedingt erwähnenswert wäre, würde es vielen anderen Kuba-Besuchern nicht ähnlich ergehen. Viele finden eine Art Zweitleben auf der Insel, das sie nicht mehr missen möchten. Und das, aus dem fernen

Deutschland betrachtet, immer schöner und strahlender wirken muß als das deutsche Alltagsleben.

Was nicht heißt, daß dieses Zweitleben unbedingt das Non plus ultra ist. Wie oft habe ich mir gewünscht, in dieser oder jener Frage bei der Problemlösung auf deutsche Art vorgehen zu können, etwas generalstabmäßig durchzuplanen und auszuführen, wie ich es nun einmal gewohnt bin. Und wie oft habe ich auch in Kuba Heimweh nach Deutschland empfunden, nach einem Land, in dem es Tag und Nacht fließendes Wasser und funktionierende Telefone gibt, in dem man einfach spontan ein Konzert besuchen und auch ohne große Vorbereitung seinen Wagen reparieren lassen kann. Ein Land, in dem man in der nächsten Apotheke genau das Präparat bekommt, das einem vom Arzt verschrieben wurde. Und wo man fast an jeder Ecke und ohne Bestechung köstliche Würste und Rindersteaks erstehen kann.

Wenn man in ein fremdes Land eintauchen will, muß man die Dinge so akzeptieren, wie sie sind, statt sie mit dem Maßstab des eigenen Kulturkreises zu messen. Der vorprogrammierte Kulturschock kann nur dann heilsam wirken, wenn wir mit dem Eintauchen in das Gastland, in welches auch immer, alle Erwartungen und Anforderungen zurücklassen.

Zu diesen Grundsatzüberlegungen, die so neu und weise nicht sind, möchte ich jeden verleiten, der auf die Insel will, gerade Kuba-Romantiker. Denn jeder muß – daran führt kein Weg vorbei –, will er nicht in einem Ferienort zwischen Büffet und Beach-Volleyball einschlafen, den Mut aufbringen, so wenig Gepäck wie möglich mitzunehmen, womit ich den Koffer voller Erwartungen, Wünsche, Vorurteile und Projektionen meine. Jeder muß sich so unbeschwert wie möglich aufmachen, sein eigenes Kuba zu finden, das sich durchaus von dem meinen unterscheiden kann. Und jeder hat die Chance, bei dieser Schatzsuche erfolgreich zu sein. *Salud y suerte.*

PIPER

Paul Watzlawick
Gebrauchsanweisung für Amerika

159 Seiten mit sieben Zeichnungen von Magi Wechsler. Geb.

Die USA eignen sich zum Traumland wie zum Feindbild:
Im Lande der unbegrenzten Möglichkeiten gibt es bis heute
noch keine runden Fußbälle, und seine Bewohner können
immer noch nicht mit Messer und Gabel gleichzeitig essen.
Grund genug, sich dem erfahrenen Atlantik-Pendler Paul
Watzlawick anzuvertrauen …
Diese »Gebrauchsanweisung« ist kein Reiseführer im land-
läufigen Sinn, sie erwähnt keine Kathedralen und Museen,
sondern will dem Europäer die USA-Wirklichkeit näherbringen – von der tierisch ernsten Zollkontrolle am Flugplatz,
den unvermuteten Tücken der amerikanischen Uhrzeit, des
Datums, der Maße, Gewichte und Adressen, von Kredit und
Kreditkarten sowie den Merkwürdigkeiten der Umgangsspra-
che bis zum Begründer dieser Gewohnheiten und Institutionen,
dem »homo americanus«. Auch an sich trockene Themen wie
Verkehrsgesetze oder Dienstleistungen des Telefons werden
leicht, humorvoll und manchmal boshaft behandelt.